歴史文化ライブラリー
518

東大寺の考古学

よみがえる天平の大伽藍

鶴見泰寿

吉川弘文館

3　目　次

目　次

天平の大伽藍を掘る1　平地の東大寺

東大寺へのいざない——プロローグ

盧舎那仏

奈良といえば大仏である。今では東大寺は洋の東西を問わず世界各国からの訪問者で賑わい、大仏の大きさには誰もが圧倒される。東大寺大仏は正式には盧舎那仏《るしゃなぶつ》といい、東大寺金堂《こんどう》の本尊である。聖武《しょうむ》天皇（七〇一～七五六）が建立を発願し、天平勝宝《てんぴょうしょうほう》四年（七五二）四月九日に開眼供養がおこなわれたことはよく知られ、現在でも東大寺の大仏は穏やかな表情で参拝者を迎え入れてくれる。

私自身も年に数度、公私さまざまな機会に大仏を拝観する。大仏殿では毎年八月七日に「お身ぬぐい」がおこなわれ、白装束の人々が奉仕して大仏の頭や膝、掌にのって表面に積もった一年間の塵を落としていく。上からゴンドラでぶら下がりながら清掃をする場面

図1　お身ぬぐい

もあり、大仏の大きさと人の小ささの対比が面白い。八月十五日には「万灯供養会《まんとうくようえ》」がおこなわれる。これは盂蘭盆会《うらぼんえ》最終日の夜、大仏殿前に約一万の灯明が並べられるもので、堂内では僧侶が『華厳経《けごんきょう》』を読誦《どくじゅ》する。夜の大仏殿の観相窓《かんそうまど》に大仏の顔が浮かびあがる風景は非常に印象深い。

このほかにも、四月八日におこなわれる「仏《ぶっ》生会《しょうえ》」は釈迦《しゃか》の誕生を祝って大仏殿前に設置された花御堂《はなみどう》の誕生仏《たんじょうぶつ》に甘茶をそそぐ法要で、水盤の中心に立ち愛らしい表情で天と地を指さす誕生仏は大仏開眼当時のものである。このように大仏殿は一年を通じて様々な法要や行事がおこなわれ、東大寺の中心となっている。

大仏とは

大仏は日本だけのものではなく、アフガニスタンのバーミヤーン

（五～六世紀）、中国の雲崗石窟《うんこうせっくつ》（五世紀）・龍門石窟《りゅうもんせっくつ》（七世紀）など中央アジアから東アジアにかけてでも造られている。このうち東大寺大仏に大きな影響を与えたのが龍門奉先寺《ほうせんじ》の盧舎那大仏で、蓮華座《れんげざ》の上に結跏趺坐《けっかふざ》する高さ一七《メートル》の大仏である。海外の大仏はいずれも石窟仏であるが、日本のものは鋳造の大仏で極めて珍しい。

盧舎那仏は『華厳経』（五世紀はじめに漢訳）の教主で、ヴァイローチャナ・ブッダという、宇宙の中心で太陽のように照らす存在とされる。経典には盧舎那仏の大きさは記されないが、蓮《はす》が瞑想《めいそう》のなかで宇宙大に拡大されることや、盧舎那仏が宇宙のすべてを包み込むという性格から大仏として造られたとみられている（宮治昭「アジア的視点からみた大仏の造立」GBS実行委員会編『論集　東大寺の歴史と教学』東大寺、二〇〇三年）。

修二会

東大寺で大仏と並んで有名なのが「お水取り」の行事である。関西では「お水取りが済まないと春が来ない」ともいわれ、期間中に毎年数万人の参拝者が訪れる。「お水取り」は旧暦二月におこなわれたことから「修二会《しゅにえ》」と呼ばれるが、正式には「十一面悔過《じゅういちめんけか》」という法要である。特に有名なのが籠松明《かごたいまつ》で、日没後の暗いなかで寒さに耐えながら眺める松明の炎や飛び散る火の粉が強く印象に残る。しかしこの松明は初夜の行へ向かう練行衆《れんぎょうしゅう》の足元を照らすのが本来の目的で、夜間の行法の始ま

図2　二　月　堂

りの場面に過ぎない。時代とともに儀礼化し、松明が大型化していったのであろう。

修二会は『十一面神呪心経《じんじゅしんぎょう》』という密教《みっきょう》経典に基づいておこなわれる、一四日間にわたって二月堂《にがつどう》の十一面観音《かんのん》に懺悔《さんげ》をする法会である。天平勝宝四年に東大寺僧実忠《じっちゅう》が創始し、現在まで絶えることなく毎年続けられる長い歴史をもつ行事である。

二月中旬から本行へ向けての準備をする「別火《べっか》」という精進潔斎《しょうじんけっさい》の合宿生活から修二会は始まる。現在は戒壇院《かいだんいん》がその場所にあてられている。三月一日からは場所を二月堂に移し、いよいよ二週間の本行が始まる。修二会に参加する「練行衆」に選ばれた一一名の僧は、二月堂の下にある参籠宿所《さんろうしゅくしょ》で俗世を絶った生活をしながら、毎日二月堂に上堂して鎮護国家・天下泰安・風雨順時・五穀豊穣・万民快楽を一心に願う。

法会は一日を日中・日没《にちもつ》・初夜・半夜・後夜・晨朝《じんじょう》の六つの時に分けておこない、「六時の行法」という。勤行の主なものが観音悔過で、称名《しょうみょう》悔過（十一面観音を礼讃する）・宝号《ほうごう》（十一面観音の名号を唱える）・五仏御名《ごぶつごみょう》（十一面神呪の功徳を讃える）・大懺悔・小懺悔から構成される。このうち宝号は「南無観、南無観」と繰り返すことでよく知られる。初夜から晨朝までの行法は短い休憩を挟みながらおこなわれ、下堂（宿所に戻ること）が夜明け近くに及ぶこともある。また正式な食事は日中の行が始まる前の食作法一度のみで、それ以降は下堂するまで水を飲むことも許されないという、大変に厳しいものである（『特別陳列　お水取り』奈良国立博物館、二〇二〇年）。

修二会を聴聞する

数年前の三月六日、私は礼堂《らいどう》で聴聞をする機会をいただいて初夜から後夜までを見学した。松明が終わって二月堂北側から礼堂に入ると灯明の煤のにおいが漂ってくる。堂内は真っ暗であり、寒さが厳しく手足の感覚がなくなってくるなか、じっと聴聞に集中した。

堂内に響き渡る声明《しようみよう》・鈴の音・法螺貝の合奏・走りの足音など、行法は厳かであるとともに華やかでもある。声明の最中は戸帳が降ろされて内陣の様子はみえないが、大導師や咒師《しゆし》の影が灯明の光で白い戸帳に大きく映し出されて幻想的である。

内陣から出てきた練行衆の一人が礼堂に設置された五体板に体を打ちつけて五体投地を黙々と繰り返す。目の当たりにすると自然とこちらも懺悔の念が湧いてくる。こうした悔過法要にはじめて接するとその躍動感に驚くに違いない。「荒行」という言葉で簡単に表現できるものではない。約一二七〇年間じっと世界を見守り続ける大仏とは異なるダイナミックさがあり、静と動の対比が東大寺の伽藍《がらん》のなかにあることを体感した。これまで研究者として何度も東大寺に足を運んできたが、はじめて東大寺の内面にふれることができたような気がした。

奈良時代の東大寺

右では大仏と修二会についてふれたが、どちらも東大寺にとって重要なものである。大仏は被災と再建を繰り返し、修二会は兵火によって伽藍の大半が失われた時でさえも絶やすことなく有志により続けられた。退転することなく古代から連綿と続く寺院はあまり多くないが、東大寺は長い歴史を経て、時代とともに変化する部分と継承される部分が複雑に入り混じり、さまざまな側面をみせている。

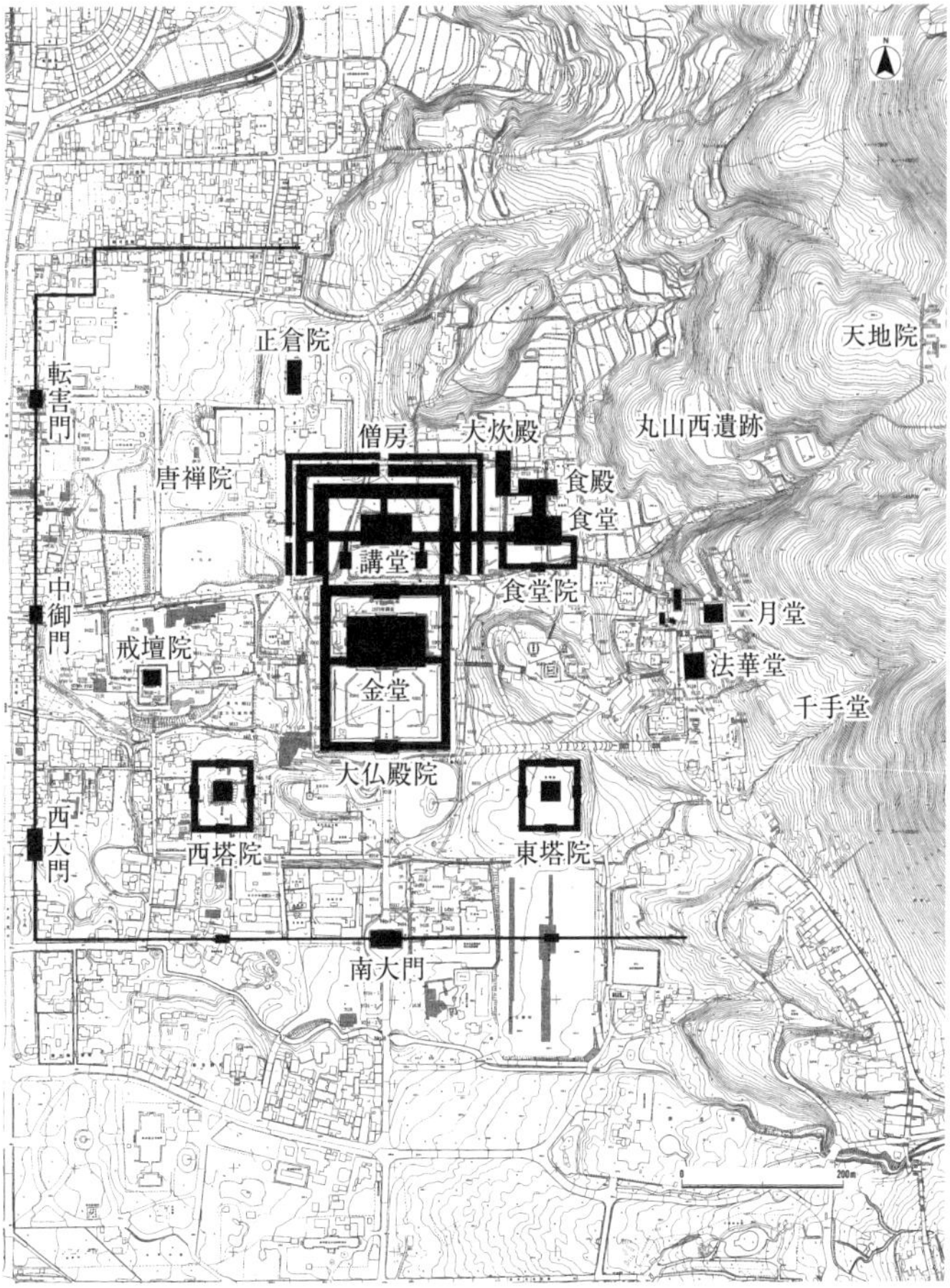
正倉院
天地院
転害門
僧房
大炊殿
丸山西遺跡
唐禅院
食殿
食堂
講堂
中御門
食堂院
二月堂
戒壇院
法華堂
金堂
千手堂
大仏殿院
西大門
西塔院
東塔院
南大門
0
200m

図３　東大寺伽藍配置図

聖武天皇が造営した創建当初の東大寺の面影はどれほど残っているのだろうか。どのような伽藍だったのだろうか。こうした疑問を解明するためには発掘調査の成果が重要な手がかりとなる。失われた堂舎について、発掘をしても地面より上のことは完全にはわからないが、造営の年代・規模や構造・変遷について詳しく知ることができる。

東大寺が面白いのは、遺構だけではなく、奈良時代以降の文書や仏像、建物がよく伝えられており、相互に参照しながら研究することができる点である。特に文献史料と考古学的成果の両側面から奈良時代の東大寺の姿に迫ろうとするのが本書の意図である。

聖武天皇

聖武天皇とその時代

誕生から即位まで

聖武《しょうむ》天皇は諱《いみな》を首《おびと》皇子（首親王）といい、文武《もんむ》天皇の皇子で、母は藤原宮子《ふじわらのみやこ》である。宮子は藤原不比等《ふひと》の娘なので、聖武天皇は出生の時点からすでに藤原氏と深く関与していたこととなる。『続日本紀《しょくにほんぎ》』によると、和銅《わどう》七年（七一四）六月に一四歳で皇太子となっているので、誕生は大宝《たいほう》元年（七〇一）である。この年は、遣唐使《けんとうし》の再開や大宝律令《たいほうりつりょう》の制定など、以後の日本の方向を決定づけた歴史的に極めて重要な年でもあった。

聖武天皇の父、文武天皇は慶雲《けいうん》三年（七〇六）十一月に重病になり、文武天皇の母である阿閇《あへ》皇女（のちの元明《げんめい》天皇）に譲位しようとしたが辞退されてしまった。翌年、文武天皇が崩御すると元明天皇の即位が実現する。元明天皇の即位後、和銅と改元し、都を藤原《ふじわら》京《きょう》から平城京《へいじょうきょう》へ遷す計画がたてられた。平城宮《へいじょうきゅう》は首親王の即位のために造営された宮殿と考えられている。

首親王は和銅七年に元服し、皇太子となった。その翌年の霊亀《れいき》元年（七一五）九月、元明天皇は娘の氷高《ひだか》内親王（元正《げんしょう》天皇）に譲位した。この時には「年歯幼稚にして、いまだ深宮《しんきゅう》を離れず。庶務多端《たたん》にして一日に万機《ばんき》あり」との理由で首親王への譲位は見送られた。

霊亀二年、安宿媛《あすかべひめ》（光明子《こうみょうし》、のちの光明皇后）が首親王の妃として入内《じゅだい》した。安宿媛は藤原不比等と県犬養橘三千代《あがたのいぬかいたちばなのみちよ》の間に誕生した。三千代の出身氏族である県犬養氏は河内《かわち》国古市郡《ふるいちぐん》に多く分布した氏族で、安宿媛の名も隣接する安宿郡《あすかべぐん》にちなむものと考えられている。神亀《じんき》元年（七二四）二月四日、待ち望まれていた聖武天皇の即位がついに実現し、禅を受けて平城宮大極殿《だいごくでん》にて即位した。

赤漆文欟木厨子

正倉院《しょうそういん》宝物のなかに、天武《てんむ》天皇から代々の天皇に伝えられていた赤《せき》漆文欟木厨子《しつぶんかんぼくのずし》というものがある。この厨子は『国家珍宝帳《こっかちんぽうちょう》』の第二番目に記載される重要なもので、天武天皇が持統《じとう》天皇に伝え、持統天皇が文武天皇に伝え、

図4　赤漆文欟木御厨子（正倉院宝物）

文武天皇が元正天皇に伝え、元正天皇が聖武天皇に伝え、聖武天皇から孝謙《こうけん》天皇へ伝えられたのちに、盧舎那仏《るしやなぶつ》に献じられたと記される。この厨子のなかには、聖武天皇の御書である『雑集《ざつしゆう》』と、元正天皇の御書である『孝経《こうきよう》』、光明皇后の御書である『杜家立《とかりつ》成《せい》』『楽毅論《がつきろん》』が納められていた。ここでの御書とは、天皇・皇后の自筆という意味である。このうち天平《てんぴよう》十六年（七四四）十月三日の日付をもつ『楽毅論』は、巻末に「藤三娘《とうさんじよう》」の自署がみえ、光明皇后が藤原不比等の三女であることがわかる。

この厨子の伝領過程について東野治之氏は、厨子は天武—文武—聖武の直系相続を意識して伝領されたもので、元正天皇は首親王（聖武天皇）の養母であって、文武天皇の后妃に擬せられていたため、文武天皇から厨子を授かり聖武天皇に伝えたとしている（「元正天皇と赤漆文欟木厨子」『日本古代史料学』岩波書店、二〇〇五年）。元正天皇の即位についても、養母を即位させることにより譲位後の地位を元正天皇に保証し、首親王の強力な後ろ盾とさせたと論じている。首肯すべき見解であろう。

皇子誕生

神亀四年（七二七）閏九月二十九日、聖武天皇と安宿媛（光明子）との間に待望の皇子が誕生する。基王《もといおう》（某王とする史料もある）である。このため翌月五日に大赦・賜物がなされた。六日には王臣以下、舎人《とねり》・太政大臣家資人《だいじょうだいじんしじん》・女孺《にょじゅ》に至るまで禄を賜り、十一月二日には太政官及び八省が皇子の生誕を祝賀し、祝宴の最中に皇子を皇太子とする詔がだされた。誕生よりわずか一ヵ月余りでの立太子は異例の早さである。

さらに十一月三日には僧綱《そうごう》が皇太子の誕生を祝賀し、十四日には大納言《だいなごん》の多治比真人池守《たじひのまひといけもり》が百官の史生《ししょう》以上を率いて、藤原不比等の旧邸宅に母とともにいた皇太子を拝賀に赴いている。『続日本紀』のこうした記事からは、他に例のない喜びようがみてとれる。皇太子の誕生によって、聖武天皇の次に即位する天皇も藤原氏の系統からだされることが決定したからである。

しかし皇太子は病気がちであったらしく、翌神亀五年八月二十一日に勅がだされ、病の床に伏した皇太子の平復を期待して大規模な造仏・写経が企てられ、大赦もおこなわれた。

二十三日にも諸陵に奉幣《ほうべい》するが、努力もむなしく翌月十三日に皇太子は薨《こう》し、十九日に那《な》富山《ほやま》に葬られた。隼人石《はやといし》と呼ばれる石彫像で知られる、奈良市法蓮町《ほうれんちょう》の聖武天皇皇太子那富山墓がこれにあたるとされる。

宮内庁によって管理されている那富山墓は九《メートル》×七《メートル》の楕円形の小墳丘で、その四隅に一基ずつ隼人石が置かれている。「狐石」「犬石」とも呼ばれるこの石造物は、表面を平らに加工した安山岩に獣の像を線刻したもので、上部には「北」「東」と刻まれるものもある。最も残存状況のよい北西の隼人石は、狗《いぬ》のような顔をした人物が杖をついて立っており、頭上に「北」と記される。「東」と記された南東のものは獣頭の人物が胸の前で掌を合わせ、跪いている。北東のものは獣頭で両手を合わせて跪き、南西のものも獣頭で両手を合わせるが下半身については明らかでない。「隼人石」の名は、狗の仮面を被った隼人が朝廷に奉仕する様子を石に刻んで陵墓に殉置したと考えたことからつけられたものである（『宮内庁書陵部紀要』第五一冊、二〇〇〇年）。

山房の建立

皇太子の急逝について、『続日本紀』は「天皇甚だ悼惜す」と簡潔に記すにすぎないが、皇太子の夭逝は聖武天皇や藤原氏にとって、様々な意味で衝撃であったことであろう。聖武天皇は亡き皇太子の供養のために「山房《さんぼう》」の造営を開始する。神亀五年十一月三日に造山房司長官に智努王《ちぬおう》（のちの文室浄三《ふんやのきよみ》）が任命され、二十八日には智行の僧九人を択び山房に住まわせた。この山房は金鍾《こんしゅ》山房（金鐘《きんしょう》山房）とも呼ばれ、東大寺の前身となる寺院である。

平城京左京二条大路から出土した「二条大路木簡」には、山房から皇后宮職《こうごうぐうしき》へ宛てられた文書木簡が含まれている（『平城宮発掘調査出土木簡概報』二二、奈良国立文化財研究所、一九九〇年）。これは天平七年（七三五）閏十一月二十一日に山房の僧延福《えんぷく》が記した米・菜の返抄《へんしょう》（領収書）で、長さ約三〇センチの短冊形の木簡である。山房からの木簡はこれ以外

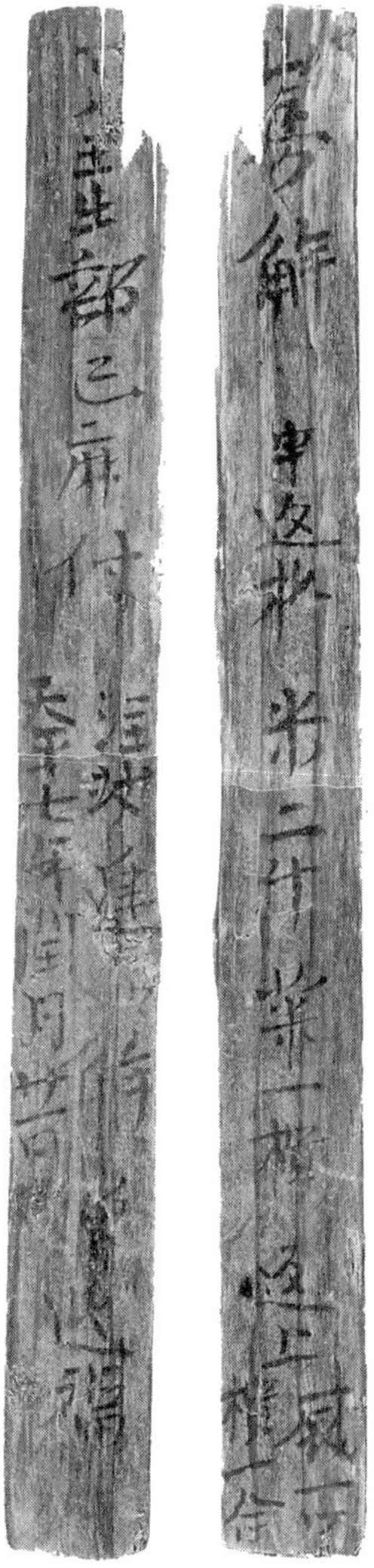

図5　二条大路木簡「山房解」（奈良文化財研究所所蔵）

に二点みつかっており、文書（とその背景にある食料）の頻繁なやりとりがあったらしい。『東大寺要録《とうだいじようろく》』によると延福は大仏開眼供養会で読師《どくし》を勤めた東大寺僧であるので、木簡の差出人である山房はのちに東大寺となった金鍾山房とみて間違いない。

長屋王の変

皇子夭逝の悲しみから半年も経たぬうちに起きたのが長屋王《ながやおう》（天武天皇の孫で、父は高市皇子）の変である。長屋王の変とは、当時の太政官の首班である左大臣長屋王が、国家を傾けようとした罪により喚問《かんもん》の兵によって邸宅を囲まれ、自害に追い込まれた事件である。

天平元年（七二九）二月十日、左京の人である漆部造《ぬりべのみやつこ》君足《きみたり》と中臣宮処連《なかとみのみやこのむらじ》東人《あずまひと》の二人が、左大臣長屋王がひそかに左道を学んで国家を傾けようとしていると密告した。政府はその日の夜に三関《さんげん》を固守し、式部卿《しきぶきょう》藤原朝臣宇合《うまかい》・衛門佐《えもんのすけ》佐味《さみ》朝臣虫麻呂《むしまろ》・左衛士佐《さえじのすけ》津嶋《つしま》朝臣家道・右衛士佐《うえじのすけ》紀朝臣佐比物《さいもち》らは六衛府《ろくえふ》（中衛府《ちゅうえふ》・左右兵衛府《ひょうえふ》・左右衛士府・衛門府）の兵を率いて長屋王宅を囲んだ。十一日、舎人《とねり》親王・新田部《にいたべ》親王・多治比真人池守・藤原朝臣武智麻呂《むちまろ》・小野《おの》朝臣牛養《うしかい》・巨勢《こせ》朝臣宿奈麻呂《すくなまろ》らを長屋王邸に遣わし、その罪を究問させた。そして翌日に長屋王を自尽させ、妻の吉備《きび》内親王と子の膳夫王《かしわでおう》・桑田《くわた》王《おう》・葛木王《かずらきおう》・鉤取王《かぎとりおう》らも同じく自ら経死した。十三日、長屋王・吉備内親王は生馬山《いこまやま》に葬られたが、勅があり吉備内親王は無罪とされ、家令《かれい》・帳内《ちょうない》も放免された。長屋王についても、罪人に准ずといえども醜くすることのないようにと命じられている。十七日には上毛野《かみつけの》朝臣宿奈麻呂ら七人が流罪となったが、残りの九〇人は放免され、十八日には勅によって長屋王の兄弟・姉妹・子孫・妾などが、皆ことごとく赦免となった。

天平十年（七三八）七月十日、左兵庫少属《さひょうごのしょうさかん》大伴宿禰《おおとものすくね》子虫《こむし》が右兵庫頭《うひょうごのかみ》中臣宮処連東人を刀で切り殺すという事件が起きた。子虫ははじめ長屋王に仕えて恩遇を蒙っていた人物であるが、たまたま東人と兵庫寮《ひょうごりょう》に勤務しており、囲碁《いご》をしている途中で話題が長屋王のことに及んだ時、子虫が憤って罵り殺害に及んだという。先にみたように、『続日本紀』は中臣宮処連東人のことを「長屋王のことを誣告した人である」と記しており、この事件が仕組まれたもので長屋王は冤罪であったことは明らかであった。事件後の処置が寛大であり、ほとんどの者が無罪となっていることなどからも、当初から長屋王・吉備内親王とその子らを滅ぼすことを目的としたらしい。

長屋王排除の目的

この事件の真相については諸説あるが、岸俊男氏は次のように考えている。光明子との間に産まれた基王が夭逝する一方で、聖武天皇と県犬養広刀自《ひろとじ》との間に安積《あさか》親王が誕生したため、藤原氏は安積親王即位の可能性を阻止しようと光明子を皇后に格上げすることを企てた。光明子が立后することで皇位継承権を引き継がせようと計画したのである。ところが、「皇后は内親王に限る」という律令の規定を侵して光明子を立后するには、長屋王の反対が予測される。そこで謀反の罪によって失脚させた、という考えである（『日本古代政治史研究』塙書房、一九六六年）。

「長屋王家木簡」の分析をおこなった寺崎保広氏は、長屋王と吉備内親王の間に生まれた膳夫王に注目し、膳夫王ら吉備内親王の子が霊亀元年二月に皇孫の扱いを受けていることから彼らが皇位継承候補になったと考え、また誕生後間もない基王の立太子に長屋王は反対であったことを、長屋王が不比等邸への立太子祝福の訪問に参加しなかったことから推測した。長屋王と聖武天皇・藤原氏との間にこのように亀裂が生じ、皇太子の夭逝を契機に膳夫王が継承候補として浮上、これを妨げるために藤原氏が長屋王を子どもとともに自害に追い込んだ、とするのが寺崎氏の考え方である（『長屋王』吉川弘文館、一九九九年）。

いずれにせよ皇位の継承をめぐる争いとみることができるが、聖武天皇と藤原氏は長屋王家を滅亡させることで政権の安定を確保したといえよう。

光明子立后

かくして長屋王没後の天平元年八月十日、予定通り光明子の立后がおこなわれた。同月二十四日に立后の宣命《せんみょう》が出されている。その際に、かつて仁徳《にんとく》天皇が葛城襲津彦《かずらきのそつひこ》の娘の伊波乃比売命《いはのひめのみこと》を皇后としたことを例にあげている。そして、光明子が皇后となったことにより、皇后宮職が設置された。皇后宮職は皇后を支えるための役所であり、律令の規定にはない令外《りようげ》の官である。管下には施薬院《せやくいん》や、光明皇后発願の『一切経』（五月一日経）の書写をおこなう写経司（この写経司はのちの東大寺写経所へとつながる）など、様々な下部組織が付属していた（鬼頭清明「皇后宮職論」『古代木簡と都城の研究』塙書房、二〇〇〇年）。

同時に藤原不比等の子息四兄弟も全盛期を迎えた。南家《なんけ》武智麻呂は右大臣に、北家《ほつけ》房前《ふささき》は中務卿《なかつかさきよう》・参議、式家《しきけ》式部卿宇合と京家《きようけ》兵部卿麻呂は新たに参議に加わった。渡辺晃宏氏によって、これをめぐっての興味深い事実が明らかにされている。長屋王は以前式部卿に就任していた。式部卿とは律令官人の人事をおこなう重要な役所であったが、長屋王が大臣に昇進し式部卿を離れたのちに武官人事権を徐々に兵部省に移し、長屋王没後、式部卿の藤原宇合と兵部卿の藤原麻呂とで人事権を分け合い両省は対等となり、兵部省の武官人事権が確立した。それに合わせて式部省と兵部省の役所の位置も、朝集殿院《ちようしゆうでんいん》の南側に左右対称に設置されるようになった、というのが渡辺氏の考えである（『平城京一三〇〇年「全検証」』柏書房、二〇一〇年）。

そして、藤原氏と光明皇后の深いつながりを明らかにしたのが前出の「二条大路木簡」である。「二条大路木簡」とは、平城宮朱雀門《すざくもん》に面する東西方向の主要道路である二条大路上に掘られたゴミ捨て用の土坑から出土した木簡群である。木簡は二条大路南側と北側の両方から廃棄されたらしく、天平八年前後から天平十一年頃までの木簡が多量に含まれている。木簡の内容から二条大路北側には藤原麻呂邸があったと考えられるので、天平九年七月の藤原麻呂没後に邸宅の整理がおこなわれ、また天平十二年に恭仁宮《くにのみや》に遷都する過程で付近から廃棄処分された木簡であるらしい（『平城京木簡三―二条大路木簡一―』奈良文化財研究所史料第七五冊、二〇〇六年）。

皇后宮職

発掘調査報告書には、光明皇后の宮をつかさどる皇后宮職に関する興味深い見解が記されている。『続日本紀』には長屋王の変に際して六衛府が邸宅を囲んだことが記され、二条大路南側にあった長屋王邸出土の墨書土器にも「中衛府」「左兵衛府」などと書かれていることから、長屋王没後、周辺は衛府の軍隊が駐屯して警備に当たったらしい。

「二条大路木簡」には兵衛が皇后宮や門などを警備した時の木簡があり、木簡とともに出土したキーホルダーには「東門鎰《ひがしもんのかぎ》」などと書かれ、皇后宮の門に関わるものである可能性が高く、「二条大路木簡」そのものも皇后宮に深く関与すると考えられるという。このほかにも「二条大路木簡」には、皇太子基王供養のために造営された山房からの返抄木簡や、皇后宮宛の荷札木簡、写経や造仏に関する木簡が多く含まれ、墨書土器には「薬院」と書かれたものもあることから、長屋王の没後に旧長屋王邸は接収され、光明子の立后後に皇后宮の敷地となり、そこで皇后宮職が活動したと報告書は結論づけている（奈良国立文化財研究所『平城京左京二条二坊・三条二坊発掘調査報告』奈良県教育委員会、一九九五年）。

天然痘の大流行

天平七年八月、大宰府《だざいふ》管内で天然痘（豌豆瘡《わんずかさ》、裳瘡《もかさ》）が猛威を振るい多くの死者が出た。この年の九月に新田部親王、十一月には舎人親王が相次いで亡くなっているので平城京でも天然痘が拡大したらしい。翌年はいったん終息したものの、天平九年に遣新羅使《けんしらぎし》が日本へ持ち帰ったとみられる天然痘が再び平城京で大流行し、六月一日には廃朝（朝廷での執務中止）となり、多治比県守《あがたもり》や藤原四兄弟も相次いで病に倒れるなど国家は大混乱に陥った。

こうした状況を乗り越えるため、聖武天皇は諸国に仏像を造らせ、『大般若経《だいはんにゃきょう》』や『最勝王経《さいしょうおうきょう》』を書写・転読させるなどして国家の安寧を願った。

たび重なる遷都

藤原広嗣の乱

天平十二年（七四〇）八月二十九日、当時大宰少弐《しように》（次官）であった藤《ふじ》原広嗣《わらのひろつぐ》が上表し、時政の得失を指し天地の災異を陳べ、玄昉《げんぼう》と下道《しもつみちの》真備《まきび》を排除することを要求し、九月三日についに兵を起こして反乱した。いわゆる藤原広嗣の乱である。広嗣は藤原四兄弟のうち宇合の子息であり、政界に大きな衝撃を与えた。朝廷は広嗣討伐のため、大将軍に大野東人《おおののあずまひと》、副将軍に紀朝臣飯麻呂《いいまろ》、軍監《ぐんかん》・軍曹《ぐんそう》各四人を任命するとともに、東海・東山・山陰・山陽・南海道の軍一万七〇〇〇人を動員した。

このような緊張が続くなか、十月二十六日に聖武天皇は「大将軍大野朝臣東人らに勅して曰く、朕意《おも》ふところあるによりて、今月の末、暫《しばら》く関東に往かむとす。その時に非ずといふとも、事やむことあたわず。将軍これを知りて驚怖すべからず」という勅をだした。これを聞いて誰しも驚かないはずはなかったであろう。聖武天皇の行幸からの新都造営は、こうして突如始まった。聖武天皇はこの二日後に伊勢《いせ》へ向けて出発、大和国《やまと》山辺郡《やまべぐん》、伊賀《いが》国名張郡《なばりぐん》・伊賀郡を経て、十一月二日に伊勢国壱志郡《いちしぐん》に到着した。

その翌日に大野東人らから、十月二十三日に肥前国《ひぜん》松浦郡《まつらぐん》値嘉嶋《ちかのしま》長野村《ながのむら》において広嗣を捕獲した旨の奏上を受けたが、「法によって処決し、しかる後に奏聞せよ」との詔《みことのり》をだして、なおも行幸を続けた。行幸は伊勢国鈴鹿郡《すずかぐん》・朝明郡《あさけぐん》・桑名郡《くわなぐん》、美濃《みの》国当伎郡《たぎぐん》・不破《ふわ》郡《ぐん》を経て、近江《おうみ》国坂田郡《さかたぐん》横川頓宮《よこかわかりみや》に至ったのは十二月六日のことである。

行幸の目的

この行幸は突然始まったと先ほど記したが、実は周到に準備されたものであったと近年は評価されるようになっている。田中卓氏は『大神宮諸雑事記《だいじんぐうしょぞうじき》』にみえる「御願寺建立せらるべきの由、宣旨に依りて祈り申さるる所なり」という記述に着目し、行幸の目的を大仏造立の可否を天照大神《あまてらすおおみかみ》に尋ねたものと考えた（『田中卓著作集四　伊勢神宮の創祀と発展』国書刊行会、一九八五年）。この説は、聖武天皇の行幸で河口《かわぐち》頓宮に一〇日間滞在したことなどの意義を通して東野治之氏により再評価されている（「聖武天皇の伊勢国行幸―遷都と大仏造立への一階梯―」中尾芳治編『難波宮と古代都城』同成社、二〇二〇年）。事前に計画されていた重要な目的のある行幸であったがゆえに、藤原広嗣の乱が起きても中止されなかったのである。

恭仁宮

十二月六日、右大臣　橘《たちばなのもろえ》諸兄は行幸の隊列を先に離れ、山背国《やましろ》相楽郡《さがらかぐん》恭仁郷に赴いていた。遷都をしようとしてのことであると『続日本紀』は記している。十二月十五日に聖武天皇は先に恭仁宮に到着し、太上天皇・皇后は後から到着し、この日に宮の造営を開始した。聖武天皇は広嗣の乱勃発前の天平十二年（七四〇）五月十日、橘諸兄の相楽の別業《べつごう》（別荘）に行幸している。橘諸兄の別荘は綴喜郡井手町《つづきぐんいでちょう》付近と考えられているが、恭仁宮が橘諸兄と地理的に関係の深い場所であることや、行幸より先に橘諸兄が恭仁に入っていることから、恭仁京遷都には橘諸兄が深く関与していると考えられている。

翌年の天平十三年元日、聖武は恭仁宮に御して朝賀を受けたが、この時まだ宮は完成しておらず、帷帳《いちょう》をめぐらしておこなわれた。ただし、この日に内裏《だいり》で宴を催しているので、天皇の居住部分についてはある程度できあがっていたらしい。十一日に伊勢大神宮および七道の諸社に使を派遣し、新京、すなわち恭仁京に遷都したことを報告させており、恭仁宮が一時的な宮ではないことを示している。

こののちも恭仁京遷都事業は着々と進行していく。閏三月九日に平城宮の兵器を恭仁宮に近い甕原宮《みかのはらのみや》に運ばせている。甕原離宮の所在地は、『続日本紀』天平十四年八月十三日の記事に「宮城以南の大路の西の頭と甕原離宮以東との間に大橋を造らしむ。諸国司をして国の大小に随いて銭十貫以下一貫以上を輸さしめて、以て橋を造る用度に充つ」とあるのが参考になる。これを現地に当ててはめてみると、恭仁宮跡の対岸西側で、木津川《きづがわ》左岸が大きく北へ張り出している部分に離宮が設置されていたことになる。

天平十三年八月二十八日に平城京の東西市を恭仁京に遷し、九月八日には智努王・巨勢奈氏麻呂《なでまろ》を造宮卿に任命している。任命の翌日には大和・河内・摂津《せっつ》・山背国から造宮のために役夫《えきふ》五五〇〇人を徴発しており、恭仁宮造営が本格化した様子がうかがわれる。さらに九月十二日には宅地の班給と、左右京の設定がおこなわれた。賀世山《かせやま》の西路より東を左京とし、西を右京としたが、足利健亮氏による恭仁京の復元案では、山背国国分寺金堂《こくぶんじこんどう》跡を大極殿と推定、ここを中心とする一辺一㌔の正方形を宮域とし、現在の鹿背山《かせやま》丘陵の東に広がる加茂町《かもちょう》の盆地に南北九条・東西四坊の条坊《じょうぼう》を設定している。これを左京とし、鹿背山の西麓にも同規模の右京を想定している。左京の中軸線は大極殿の中軸線と一致させ、右京の中軸線には「作り道」と呼ばれる南北にのびる古道をあてている（足利健亮

『日本古代地理研究』大明堂、一九八五年）。

さて、天平十三年十月十六日に賀世山の東の川に造らせた橋が完成したと『続日本紀』は記している。これによると架橋作業は七月より開始され、役夫として畿内及び諸国の優《う》婆塞《ばそく》（在家の仏教信者）ら七五〇人が召され、完成と同時に得度《とくど》をゆるしている。これらの人々は僧行基《ぎょうき》に率いられて木津川に泉大橋《いずみおおはし》を架け泉橋院《せんきょういん》や泉寺布施屋《いずみでらふせや》を建てた集団であろう。

十一月二十一日、勅により「大養徳恭仁大宮《やまとくにのおおみや》」の宮名が決定した。しかし大極殿の造営はそれほど捗っていなかったようで、天平十四年の元日朝賀では大極殿が未完成であったために仮に四阿殿《あづまやどの》を造り朝賀を受けている。この時、石上《いそのかみ》・榎井《えのい》両氏により大楯・大槍が立てられた。正月七日には城北苑にて宴会を催しており、平城宮などと同様に宮城の北側に苑池のような施設が付属したらしい。内裏部分はかなり完成していたようで、正月十六日に大安殿《おおやすみどの》に御して群臣を宴している。

恭仁宮跡の発掘

恭仁宮跡は京都府教育委員会によって継続的に発掘調査が進められ、昭和四十八〜五十七年（一九七三〜八二）の調査で大極殿や内裏地区の建物・柵列、昭和五十八〜六十二年の調査で朝堂院《ちょうどういん》、昭和六十三年〜平成三年の調査で朝堂院南限と宮域南限、平成四〜八年の調査で宮域の四至が確認され、主要施設の構造がある程度把握できている。山背国国分寺金堂は恭仁宮大極殿を再利用しており、国分寺金堂跡の伝承がある土壇《どだん》からは九間×四間の大型建物が検出された。『続日本紀』の記事により、この建物は平城宮大極殿が移築されたものであることがわかっている。その平城宮大極殿も藤原宮《ふじわらのみや》大極殿を移築したものであると指摘されている（小澤毅『日本古代宮都構造の研究』青木書店、二〇〇三年）。

大極殿の北側には天皇の居住空間である内裏が設けられた。内裏は東西の二地区に分かれ、内裏西地区は、東西約一〇〇メートル、南北約一二五メートルの長方形に柵列がめぐり、中央に五間×四間の掘立柱建物SB五三〇三が建ち、その東側と北東にも掘立柱建物SB五八〇一・SB六一〇一が建つ。内裏東地区は、西地区より若干低い場所に立地し、七間×四間の掘立柱建物SB五五〇一・SB五五〇七が東地区の中軸線上に南北に建ち並ぶ。これら二つの内裏は、内裏西地区は元正太上天皇、内裏東地区は聖武天皇の居所と、橋本義則氏により推定されている（「恭仁宮の二つの内裏」『日本古代宮都史の研究』青史出版、二〇一八年）。

藤原宮や平城宮では約一キロ四方の正方形が宮域の基準となっているが、恭仁宮の場合は東西約五六〇メートル、南北約七五〇メートルの長方形で、足利氏の復元案よりふた回りほど小さい。

宮域の東と西側は地形が低く、地形による制約を受けたと考えられる。宮の中央に大極殿地区があり、その北に内裏東・西地区、南には朝堂院地区と朝集殿地区が配置される。宮の四至は北東・南西の隅が確認され、北辺・南辺・東辺・西辺のすべてで築地塀《ついじべい》の側溝が検出されている。

紫香楽行幸と恭仁宮造作停止

恭仁京の造営は少しずつ進められていたが、天平十四年二月五日、近江国甲賀郡《こうがぐん》に通じる道が恭仁京の東北に開通すると、造京の様子が変わってくる。半年後の八月十一日、「朕まさに近江国甲賀郡紫香楽村《しがらきむら》に行幸せむとす」との詔がだされ、造宮卿の智努王・造宮輔高岡連河内《たかおかのむらじかわち》ら四人が造離宮司に任命された。八月二十一日、装束司《しょうぞくし》・前後次第司《しだいし》が任命され、二十七日に紫香楽へ行幸している。紫香楽には一週間ほど滞在し、九月四日に恭仁宮へ還った。これ以後、紫香楽への行幸が繰り返されるようになるが、恭仁京の造営が中断したわけではない。この直前の八月五日には大宮の垣がようやく完成し、造宮録秦下嶋麻呂《はたしものしままろ》に従四位下を与え、太秦公《うずまさのきみ》の姓と、銭・絁《つむぎ》・布・綿などを贈っている。また八月十三日には恭仁宮と甕原宮との間に橋を架けており、依然として造営作業は継続されていた。

二回目の紫香楽行幸は十二月二十九日である。天平十五年の元旦を聖武天皇は紫香楽離宮で迎え、正月二日に恭仁宮へ戻り、三日に大極殿で朝賀を受けている。天平十五年正月の『続日本紀』によると、大極殿で朝賀を受け大安殿で宴を開催しているので、恭仁宮もかなり整ってきたらしい。しかしながら、聖武天皇はこの年、七月二十六日から十一月二日まで紫香楽に滞在し、恭仁宮を留守にしている。聖武天皇が大仏建立の詔をだしたのも、この紫香楽滞在中のことであった。この年の終わりにはついに恭仁宮の造作を停止してしまう。「初め平城の大極殿あはせて歩廊を壊ちて恭仁宮に遷し造ること茲《ここ》に四年にして、その功纔《わず》かに畢《お》ふ。用度の費す所は勝て計ふべからず」と『続日本紀』は記している。

宮町遺跡の発掘

紫香楽宮は、滋賀県甲賀市信楽町黄瀬《きのせ》に所在する「史跡紫香楽宮跡」が聖武天皇の紫香楽宮に比定されていたが、近年の発掘調査によって、史跡紫香楽宮跡から約一・五キロ北方に位置する宮町《みやまち》遺跡が紫香楽宮のあった場所であることが判明している。この遺跡は、昭和四十八〜四十九年度のほ場整備事業の機械掘削中に三本の柱根が偶然に出土したことによって発見された。これらの柱根は直径四〇〜五〇センチ、長さ七〇センチほどあり、年輪年代測定の結果、伐採年代は六世紀中頃と八世紀中頃の二種類あることが判明した。新しい柱材は紫香楽宮造営中に伐採されたもの、古い柱材は以前に造られた建物の柱を再利用したものらしい。

遺跡の全容はかなり解明され、八世紀中頃の遺構は宮町遺跡の北半分の四〇〇メートル《メートル》四方の範囲内に分布し、北東部では柱列に囲まれた大型建物群が複数存在し、北西部から南西部にかけては総柱建物が存在したことが判明している。宮町遺跡北半中央部の溝・北西部の谷・南西部の大溝などの遺構からは七〇〇〇点を超える木簡が出土し、その内容から宮町遺跡は紫香楽宮跡とみて間違いない（栄原永遠男『聖武天皇と紫香楽宮』敬文舎、二〇一四年）。これまでに発見されている木簡は「皇后宮職」「造大殿」「御炊殿」「中衛」「金光明寺」と書かれたものや、天平十三〜十六年の年紀のある貢進物付札が含まれており、さらに「難波津《なにわのつ》の歌」と「安積山《あさかやま》の歌」を記した歌木簡も出土している（栄原永遠男『万葉歌木簡を追う』和泉書院、二〇一一年）。なお、宮町遺跡と寺院跡（内裏野地区）以外に、新宮《しんぐう》神社遺跡・鍛治屋敷遺跡・東山遺跡・北黄瀬遺跡なども合わせて一つの遺跡群を構成している。

今度は難波宮へ

天平十六年元旦は廃朝し、五位以上を朝堂にて饗したのみであった。正月十五日、難波宮《なにわのみや》へ行幸するために装束司を任命した。しかしこの時、聖武天皇は難波遷都をすでに検討していたらしい。閏正月一日、詔して百官を朝堂に召喚し、恭仁・難波の二京のどちらを都とするか問うたところ、恭仁京を望む者は五位以上二四人、六位以下一五七人、難波京を望む者は五位以上二三人、六位以下一三〇人であった。四日には巨勢奈氏麻呂と藤原仲麻呂とを市に遣わし市人に同様に問うたところ、皆恭仁京を都とすることを願い、難波を願う者・平城を願う者がそれぞれ一人ずつであった。官僚たちの意見はほぼ二分し、庶民らは圧倒的多数で恭仁京を希望していた。

ところが十一日に聖武天皇は難波行幸に出発し、二月一日には恭仁宮にあった駅鈴《えきれい》・内外印（天皇御璽《てんのうぎょじ》と太政官印《だいじょうかんいん》）を取りに茨田王《まんだおう》を遣わし、諸司・朝集使《ちょうしゅうし》らを難波に召喚してしまう。二十日に恭仁宮の高御座《たかみくら》・大楯《おおたて》を難波宮に移し、水路を用いて兵庫の器仗《きじょう》を運ばせ、翌日には難波京へ移ろうとする百姓をゆるした。二十四日に聖武天皇は太上天皇と左大臣橘諸兄を難波に残して紫香楽へ行幸するが、出発の翌日になってから難波宮を皇都とする勅が出された。遷都が正式におこなわれた証として、三月十一日に難波宮内外の門に石上・榎井氏によって大楯・大槍が立てられた。

大仏の建立と中断

一方聖武天皇は三月十四日、東大寺の前身寺院である金光明寺から紫香楽宮へ『大般若経』を運ばせ、雅楽が演奏されるなか朱雀門でこれを迎えて大安殿に安置し、僧二〇〇人に終日転読させた。十月に発した大仏建立の詔に基づいて、この年の十一月十三日に甲賀寺《こうかでら》の場所で盧舎那仏像の体骨柱を建てた。聖武天皇もこれに立ち会い、自ら柱を建てるための縄を引いたという。

これまで紫香楽宮跡と考えられていた「史跡紫香楽宮跡」は、現在では甲賀寺跡と考えられている。甲賀寺跡は「内裏野」と呼ばれる丘陵上の東西約一〇六メートル、南北約一一五メートルの範囲内に所在し、金堂・講堂《こうどう》・塔・僧房《そうぼう》・食堂《じきどう》などの遺構が昭和五年の発掘調査で確認されている。甲賀寺の伽藍《がらん》配置は、金堂の正面に中門《ちゅうもん》が位置し、中門左右から柵列が延びて金堂を囲んで金堂の左右後方に位置する鐘楼《しょうろう》・経楼《きょうろう》に接続する。金堂の北側には金堂と同規模の講堂があり、その北側に三面僧房がある。講堂・僧房の東側には食堂が配置されており、東大寺の伽藍配置と極めて類似している。金堂の東に隣接して柵列によって区画された塔院があり、中心に塔跡、塔院南面中央に中門が配置されている（『滋賀県史蹟調査報告』第四冊、一九七四年）。盧舎那仏が金堂に安置される計画であったとすれば、甲賀寺跡金堂内陣《ないじん》の規模を現在残っている礎石《そせき》で計測すると約一七・五メートル×約七メートルほどでしかないので、紫香楽での盧舎那仏の大きさは奈良の大仏のような大規模なものではなかったことになってしまう。寺跡の北側に位置する東山《ひがしやま》遺跡周辺の方が大仏建立場所である可能性が高いかもしれない。

結局、平城京へ還都するために紫香楽での大仏建立は中断され、甲賀寺で製作されていた三尊仏《さんぞんぶつ》なども天平十九年正月十九日になって東大寺に運ばれた(『大日本古文書』二―五七六)。

都は再び平城へ

天平十七年五月二日、太政官は諸司の官人らに、どこを京とすべきか質問したところ、皆平城と答えた。四日には栗栖王《くるすおう》を平城薬師寺《やくしじ》に遣わし、四大寺《しだいじ》の衆僧に同じく問うたところ、やはり皆平城京と答えた。かくして難波から平城へ宮を戻すことが決定された。

そして五日、聖武天皇は甲賀宮《こうかのみや》を出発し恭仁宮へ還った。六日に天皇は恭仁宮に到着し、平城宮を掃除するために紀朝臣飯麻呂を七日に派遣した。十日には恭仁京の市人らの平城へ戻る行列が朝から夜まで続き、断えることがなかったという。十一日に諸陵への奉幣がおこなわれ、この日天皇らは平城に至り、中宮院を御在所とし、もとの皇后宮を宮寺《みやでら》とした。聖武天皇の五年間にわたる相次ぐ遷都はこうしてようやく収まり、再び平城京が都となり平城京の東に大仏建立が再開される。

大仏開眼

大仏建立まで

聖武《しょうむ》天皇が知識によって大仏建立をしようと思い立ったのは、大仏建立の詔《みことのり》をだす三年前のことである。天平《てんぴょう》十二年（七四〇）

河内国知識寺行幸

二月七日、聖武天皇は難波宮《なにわのみや》へ行幸している。この時の『続日本紀《しょくにほんぎ》』の記事には河内国《かわち》大県郡《おおがたぐん》（現大阪府柏原市《かしわら》）の知識寺《ちしきじ》に立ち寄ったことは記されていないが、天平勝宝元《てんぴょうしょうほう》年（七四九）十二月二十七日の宇佐八幡神《うさはちまんしん》に対する宣命《せんみょう》のなかで、「去る辰年に河内国大県郡の知識寺に坐す盧舎那仏《るしゃなぶつ》を礼奉して則ち朕も造り奉らむと思へども」と述べており、この行幸の途中で知識寺に立ち寄り、盧舎那仏像を礼拝して心を打たれ、自ら造りたいと願っていたらしい。

図6　知識寺跡東塔心礎

知識（智識）とは、仏教事業に結縁するために労働力や資財を寄進して功徳《くどく》に預かろうとする人々のことで、そのために結成された集団や提供された財物をさすこともある。知識寺は、寺名からもわかるように氏寺などの個人の建立した寺院ではなく、仏教に帰依する多くの人々が力を結集して建てた寺であった。聖武天皇はおそらく、知識による造寺・造仏という方法に感銘を受けたのであろう。

知識寺跡　この知識寺は、現在の大阪府柏原市太平寺《たいへいじ》付近に所在する太平寺廃寺に比定されている。近くに所在する観音寺《かんのんじ》には「知識寺什物《じゆうもつ》」の墨書がある経机が伝わる（『柏原市史』第一巻、一九六九年）。東西二塔をもつ薬師寺《やくしじ》式伽藍《がらん》配置の寺院と推定され、東塔跡から出土した塔心礎《とうしんそ》が推定寺域の東端に位置する石神社《いしじんじゃ》境内に移されている。礎石《そせき》の心柱《しんばしら》を受ける部分は二段に円孔が穿《うが》たれており、外側は直径一・二メートル、内側は直径〇・七五メートルある。昭和五十五年（一九八〇）に大阪府教育委員会によっておこなわれた東塔推定地の発掘調査で一辺一六・八メートルの塔基壇《きだん》の存在が確認されている。

知識寺跡で採集される瓦類には、飛鳥《あすか》時代・白鳳《はくほう》時代・奈良時代のものがあり、高井田《たかいだ》廃寺や安堂《あんどう》廃寺など付近の寺院跡から出土する軒瓦《のきがわら》に類似している。軒丸瓦は重弁蓮華《じゅうべんれんげ》文《もん》や複弁蓮華文《ふくべんれんげもん》軒丸瓦が大半を占めるが、素弁蓮華文《そべんれんげもん》軒丸瓦も若干含まれる。瓦の年代観や伽藍配置などから、知識寺は七世紀中頃に創建され、七世紀後半から八世紀に東西塔が建立されるなど大規模に整備されたと推定される（柏原市歴史資料館『河内六寺』一九九五年）。

国分寺建立の詔

天平十三年二月十四日（『続日本紀』では三月二十四日）、聖武天皇は全国に国分寺《こくぶんじ》を建立して『金光明最勝王経《こんこうみょうさいしょうおうきょう》』を安置する詔をだした。

詔して曰く、朕、薄徳を以て忝《かたじけな》くも重き任を承けたまはる。政化弘《ひろ》まらず、寤寐《ごび》に多く慙《は》づ。古《いにしえ》の明主は、皆光業《こうぎょう》を能くす。国泰く人楽しび、災除《のぞこ》り福至る。何なる政化を修めてか、能くこの道に臻《いた》らむ。頃者《このごろ》、年穀豊かならず、疫癘《えきれい》頻りに至る。

慙懼《ざんく》交集りて、唯労《いたつ》きて己を罪せり。是を以て広く蒼生《そうせい》の為に遍く景福を求めむ。故に、前年に使を馳せて、天下の神宮を増し飾る。去歳《こぞ》は普く天下をして、釈迦牟尼《しやかむに》仏尊像《ぶつそんぞう》の高さ一丈六尺各一鋪を造らしめ、幷せて大般若経《だいはんにやきよう》各一部を写さしむ。今春より已来、秋稼《あきのみのり》に至るまで、風雨順に序ひ、五穀豊かに穣《みの》らん。此れ乃ち、誠を徴して願を啓くこと、霊貺《れいきよう》答ふるが如し。載《すなわ》ち惶《おそ》り載ち懼《お》ぢて、自ら寧《やす》きこと無し。経を案ずるに云く、「若し有らむ国土に、この経王を講宣し読誦《どくじゆ》し、恭敬供養し、流通せむときには、我ら四王、常に来りて擁護せむ。一切の災障も皆消殄《しようてん》せしめむ。憂愁・疾疫をもまた除差せしめむ。所願心に遂げて、恒に歓喜を生せしめむ」といへり。天下の諸国をして各七重塔一区を敬ひ造らしめ、幷せて金光明最勝王経・妙法《みようほう》蓮華《れんげ》経《きよう》一部を写さしむべし。朕また別に擬《はか》りて、金字の金光明最勝王経を写し、塔毎に各一部を置かしめむ。冀《ねが》はくば、聖法の盛、天地と与に永く流り、擁護の恩、幽明を被りて恒に満たむことを。その造塔の寺は、兼ねて国華《こつか》とせむ。必ず好き処を択ひて、実に久しく長かるべし。人に近くは、薫臭《くんしゆう》の及ぶ所を欲せず。人に遠くは、衆を労《わずら》はして帰集することを欲せず。国司等、各務めて厳飾を存《たも》ち、兼ねて潔清を尽すべし。近く諸天に感《かま》け、臨護を庶幾《ねが》ふ。遐迩《かじ》に布れ告げて、朕が意を知らしめよ。

また、毎国の僧寺に封五十戸、水田一十町施せ。尼寺には水田十町。僧寺は、必ず廿僧有らしめよ。その寺の名は、金光明四天王護国之寺《こんこうみょうしてんのうごこくのてら》とせよ。尼寺は一十尼。その名は法華滅罪之寺《ほっけめつざいのてら》とせよ。両寺は相去りて、教戒を受くべし。若し闕《か》くること有らば、即ち補ひ満つべし。その僧尼《そうに》、毎月の八日に必ず最勝王経《さいしょうおうきょう》を転読すべし。月の半に至る毎に戒羯磨《かいかつま》を誦せよ。毎月の六斎日《ろくさいにち》には、公私ともに漁猟殺生すること得ざれ。国司等、恒に検校《けんぎょう》を加ふべし」とのたまふ。

少々長い詔だが要約すると、天下の神宮を増飾し、天下に釈迦牟尼仏を造らせ『大般若経』を写させたところ、今春より秋まで風雨順調・五穀豊穣であった。経典をみると『金光明最勝王経』を流通させる王は四天王《してんのう》が擁護し一切の災障を消除するとあるので、天下諸国に七重塔を造らせ、『金光明最勝王経』と『妙法蓮華経』を写させ、金字『金光明最勝王経』を塔ごとに置かせる。塔及び寺は国の華であるから好処《ふこ》を選んで永続するよう、国司は厳飾を加え清浄を尽すべきである、としたうえで、僧寺・尼寺の封戸・定員・名称を定めて法要をおこなわせ、毎月六斎日に殺生することを禁止したものである。この思想がさらに大仏建立の詔へと続く。

聖武天皇による盧舎那仏の造立において大きな役割を果たしたのが行基《ぎょうき》であるといわれる。

僧行基の活動

行基は薬師寺の僧で、天智七年（六六八）、河内国（のちに和泉国《いずみ》）大鳥郡《おおとりぐん》で高志才智《こしのさいち》と蜂田古爾比売《はちたのこにひめ》との間に誕生した。天武十一年（六八二）に出家、都鄙《とひ》に周遊して衆生《しゅじょう》を教化し、行基を慕って追従する者は一〇〇〇を超えたという。このような布教活動に対して朝廷は「方に今、小僧行基幷せて弟子ら、街衢《がいく》に零畳《りょうじょう》して妄りに罪福を説き、朋党《ほうとう》を合はせ構へて指臂《しひ》を焚き剝ぎ、歴門して仮説し強ひて余物を乞ひ、詐りて聖道と称して百姓を妖惑す」として、養老《ようろう》元年（七一七）四月二十三日に詔して布教を禁圧している。しかし、行基は大仏建立に大きく貢献することとなる。

紫香楽での大仏建立

大仏建立の詔

天平十五年（七四三）十月十五日、聖武天皇は大仏建立の詔をだした。『続日本紀』には、次のようにある。

詔して曰く、「朕薄徳を以て恭《うやうや》しく大位を承け、志兼済《けんさい》に存して勤めて人物を撫《な》づ。率土《そつと》の浜已《すで》に仁恕《じんじよ》に霑《うるお》ふと雖《いえど》も、普天の下法恩洽《あまね》くあらず。誠に三宝《さんぼう》の威霊《いりよう》に頼りて乾坤《けんこん》相ひ泰《ゆた》かにし、万代《ばんだい》の福業を修めて動植咸《ことごと》く栄えむとす。粤《ここ》に天平十五年歳癸未に次る十月十五日を以て菩薩の大願を発して、盧舎那仏の金銅像一軀を造り奉る。国の銅を尽して象《かたち》を熔《い》、大山を削りて堂を構へ、広く法界に及して朕が智識とす。遂に同じく利益を蒙りて共に菩提《ぼだい》を致さしめむ。夫れ、天下の富を有つは朕なり。

天下の勢を有つは朕なり。この富と勢とを以てこの尊き像を造らむ。事成り易く、心至り難し。但《ただ》恐るらくは、徒《ただ》に人を労すことのみ有りて能く聖に感くること無く、或は誹謗を生して反りて罪辜《ざいこ》に堕さむことを。是の故に智識に預かる者は懇に至れる誠を発し、各介《おほき》なる福を招きて、日毎に三たび盧舎那仏を拝むべし。自ら念を存して各盧舎那仏を造るべし。如《も》し更に人有りて一枝の草一把の土を持ちて像を助け造らむと情に願はば、恣に聴せ。国郡等の司、この事に因りて百姓を侵し擾《みだ》し、強ひて収め斂《あつ》めしむること莫《なか》れ。遐迩《かじ》に布れ告げて朕が意を知らしめよ」とのたまふ。

この詔の要旨は次の通りである。聖武天皇は皇位に就き、人や物に慈しみをかけるようつとめてきた。天下は思いやりの恵みを蒙っているが、仏法の恩は行き渡っていない。そこで仏法僧の威霊に頼って天地を安泰にし、万代までの福なる業を成就させてすべての動植物に至るまで栄えるようにしたい。そこで天平十五年十月十五日に金銅の盧舎那仏像を造るという大願をおこすこととした。国中の銅を用いて仏像を鋳て、山を削って仏堂を造営し、仏法の及んだ人々を自分の協力者として、最終的には皆同じように利益を受けて菩提の境地に到らせたい。天下の富も勢いも自分は掌握しているので、これらをもって尊像を造ることは形のうえでは容易だが、その心を成就させることは難しい。恐れるのは、無駄に人の労力を費やし聖の心を理解させることができず、また誹謗をおこしてかえって罪に落ちる者が出ることである。それゆえに知識として大仏造立事業に参加しようとする者は心からの誠意をもって大幸を招き、毎日三回盧舎那仏を礼拝せよ。自らの思いを持って大仏造立にあたってほしい。もし一枝の草、一握りの土などわずかな資材を持って造仏に協力しようと願う者がいれば許可しなさい。国郡司たちはこの事業によって人々を侵し強制することがあってはならない。あらゆる地域に布告して自分の思いを知らせよ、という意味である。

要するに、天皇の権力にものをいわせて大仏を造ることは難しいことではないが、心を込めて造らなければ意味がない。そこでわずかな資材であっても持ち寄って、誰でも仏と結縁してもらって事業を進めたい、ということを強調している。造立を思い立った時の「知識」を重んじた詔である。

大仏建立への行基の参加

行基と大仏建立との関わりは、『続日本紀』天平十五年十月十九日条に「皇帝、紫香楽宮《しがらきのみや》に御す。盧舎那仏像を造り奉らんがために、始めて寺地を開く。是において行基法師、弟子らを率ゐて衆庶を勧誘す」とわずか一文がみえるのみでしかない。行基は、天平十七年正月二十一日には大僧正に任ぜられ、封一〇〇戸を賜わっている。かつては小僧行基として弾圧されていたにもかかわらず、大仏建立に協力し大僧正に任ぜられたのは、知識により盧舎那仏を造立するという聖武の考えに行基が共感したことと、長年にわたる行基の活動によって社会的信望を得て、朝廷もこれを無視することができなかったためであろう。天平三年に行基の弟子の一部の出家を認めるなど、行基に対する朝廷の対応は早くから軟化してきており、行基集団の労働力や技術をいろいろと利用した面もあろう。

都が奈良に戻ったのちの行基の活動については不明な部分が多く、奈良の地での大仏建立にどの程度貢献していたか具体的には明らかでないが、行基の弟子や支持者らが積極的に大仏建立に参加したであろうことは想像に難くない。なお、天平勝宝四年（七五二）の大仏開眼供養会では行基の弟子の景静《けいじょう》が都講《とこう》（法会の統括者）に任命されている。

和泉国大野寺土塔

『行基年譜』によると、行基と弟子らの集団は慶雲《けいうん》元年（七〇四）～天平二十一年（天平勝宝元年、七四九）までに畿内に四九院を建立し、橋・池・溝・樋《ひ》・布施屋《ふせや》などの造立もおこなっている。この四九院のうち和泉国大鳥郡大鳥村に建立した大野寺《おおのじ》は、大阪府堺市土塔町《どとうちょう》に今も所在しており、現大野寺の南東に所在する土塔は史跡に指定されている。『行基年譜』では大野寺の創建を神亀《じんき》四年

（七二七）二月三日としている。土塔南側の発掘調査でも「神亀四年□卯年二月□□□」と記された複弁八葉蓮華文軒丸瓦が出土しており、『行基年譜』の記載を裏づけている。

大野寺土塔は文字瓦が採集されることで早くから知られていたが、史跡整備に伴う発掘調査で六二八点の文字瓦が出土しており、すでに採集されているものを含めると一三〇〇点を超える（堺市教育委員会『史跡土塔―文字瓦聚成―』二〇〇四年）。この文字瓦は、焼成前の丸瓦や平瓦の表面に篦《へら》などの工具を用いて人名を記したもので、それぞれ筆跡が異なるが、例えば「蓮光」などのように同名で複数の瓦があるものは筆跡が一致し、人名のほかに「知識」と書かれた文字瓦も存在することから寺院建立に際して寄進した瓦に寄進者本人が名前を書き込んだものといえる。

人名を書いた人物は僧・尼・優婆塞《うばそく》・優婆夷《うばい》・童子《どうじ》・豪族・一般民衆と、幅広い階層が含まれており、行基集団の構成がどのようなものであったかがうかがい知られる。豪族名をみると、大鳥連《おおとりのむらじ》・丹比連《たじひのむらじ》・高志史《こしのふひと》・土師宿禰《はじのすくね》・大友村主《おおとものすぐり》・白鳥村主《しらとりのすぐり》・凡河内《おおしこうち》といった摂河泉地域の豪族が主体となっており、高市連《たけちのむらじ》・平群朝臣《へぐりのあそん》など大和《やまと》の豪族も散見する。土塔出土の瓦には創建期のものと補修期のものとがあって、創建期では一般民衆の割合が高く、補修期では豪族が中心となっていることが明らかにされている（近藤康司氏

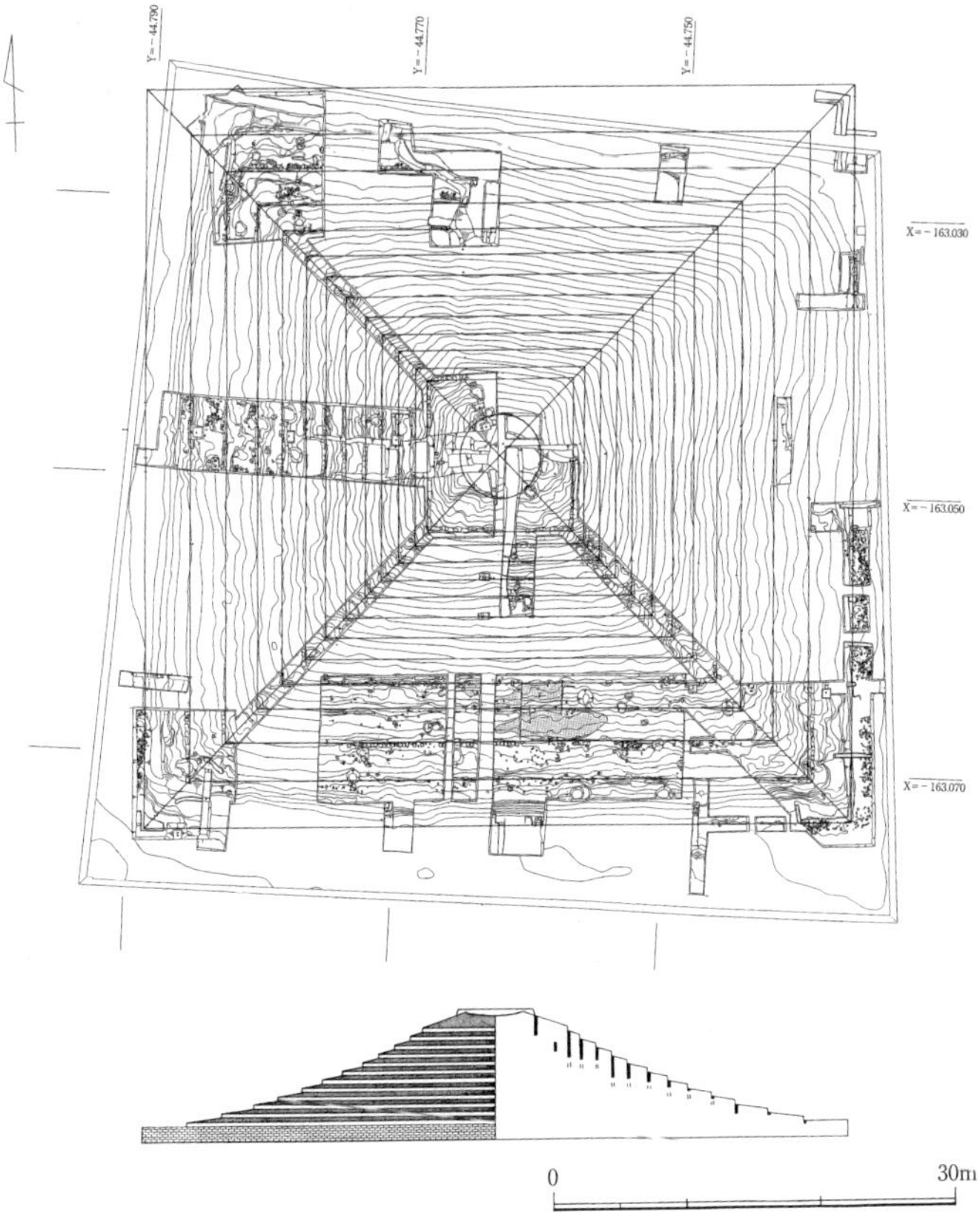

図7　大野寺土塔（堺市教育委員会『史跡土塔―遺構編―』2007年）

の分析による）。

大野寺土塔は、正和《しょうわ》五年（一三一六）頃に制作された『行基菩薩行状《こうじょう》絵伝』にピラミッド状の四角錐が描かれ「十三重土塔在之」とあることから、十三重塔であることが知られていた。堺市立埋蔵文化財センターによる発掘調査で、土塔が一三段であることが確認された（堺市教育委員会『史跡土塔―遺構編―』二〇〇七年）。平面形は一辺約五三㍍の正方形で、頂部までの高さは九㍍である。各段の高さは約六〇㌢で、上層へ行くほど幅が狭くなり、裾部では傾斜が緩やかで、頂部付近では勾配が急になっている。瓦は各段積土の上に本瓦葺《ほんがわらぶ》きで直接載せられたらしい。塔頂部では凝灰岩片が集中的に出土し、小形の軒瓦のセットが多いことから、なんらかの施設が存在した可能性が考えられている。最下段は瓦積み基壇《きだん》である。

行基入寂

大僧正行基和尚《かしょう》は大仏建立途中の天平勝宝元年三月二日、平城京《へいじょうきょう》右京菅原寺《すがわらでら》で遷化《せんげ》（死去）した。時に年八〇（あるいは八二）、二月八日に遺命によって弟子の景静らが大倭国《やまと》平群郡生馬山《いこまやま》の東陵にて火葬した。行基墓は奈良県生駒市有里町《ありさとちょう》の竹林寺《ちくりんじ》境内にあるが、文暦《ぶんりゃく》二年（一二三五）八月十五日に寺僧寂滅《じゃくめつ》により骨蔵器が掘り出されている。発見当時の記録によると、墓誌の刻まれた骨蔵器は銅筒で内部には「行基菩薩遺身舎利之瓶」という銀札のかけられた水瓶形銀製舎利瓶が納められていたという（唐招提寺《とうしょうだいじ》所蔵「僧寂滅注進状《ちゅうしんじょう》」）。この時に舎利瓶の銘文を書き写したものが、唐招提寺に伝わる「大僧正舎利瓶記」である。

大僧正舎利瓶記
和上法諱法行一号行基薬師寺沙門也俗姓高志
氏厥考諱才智字智法君之長子也本出於百斉王
子王爾之後焉厥妣蜂田氏諱古爾比売河内国大
鳥郡蜂田首虎身之長女也近江大津之朝戊辰之
歳誕於大鳥郡至於飛鳥之朝壬午之年出家帰道
苦行精勤誘化不息人仰慈悲世称菩薩是以天下
蒼生上及人主莫不望塵頂礼奔集如市遂得　聖
朝崇敬法侶帰服天平十七年別授太僧正之任并
施百戸之封于時僧綱已備特居其上雖然不以在
懐勤苦弥厲寿八十二廿一年二月二日丁酉之夜右
脇而臥正念如常奄終於右京菅原寺二月八日火

葬於大倭国平群郡生馬山之東陵是依遺命也弟
子僧景静等攀号不及瞻仰無見唯有砕残舎利然
尽軽灰故蔵此器中以為頂礼之主界彼山上以慕
多宝之塔
天平廿一年歳次己丑三月廿三日沙門真成

この「舎利瓶記」は、天平二十一年三月二十三日に弟子の真成《しんじょう》によって記されたもので、行基の法諱・両親の名・生年・出生地・経歴・享年などを一行二〇字、一七行で記載している。この舎利瓶の一部が現在も残っている（銘文釈文の傍線部分。奈良国立博物館所蔵）。

奈良での大仏建立

大仏建立の再開

盧舎那仏の造立は、天平十五年（七四三）に紫香楽の地で開始されたが、紫香楽宮が廃止されたために造営作業も中断された。『東大寺要録《とうだいじようろく》』によると、大仏建立は天平十七年八月二十三日、大和国添上郡山金里《そうのかみぐんやまがねり》で再開された。ここは平城京外京の東側に隣接する若草山《わかくさやま》西麓の丘陵地帯で、この場所にはすでに金鍾寺《こんしゅじ》（金鐘寺）や福寿寺《ふくじゅじ》、天地院《てんちいん》などの寺院が建立されていた。いずれも山の斜面に平場を造成して伽藍を建てたものである。『東大寺要録』雑事章が引用する天平十四年七月十四日の太政官符《だいじょうかんぷ》によれば、金鍾寺は改称されて金光明寺《こんこうみょうじ》となった（この頃までに福寿寺と統合していたらしい）。金光明寺は大倭国国分寺とされ、諸国の国分寺の頂点に立つ総国分寺に位置づけられていた。

しかしながら、大倭国金光明寺は、伽藍の配置や構成、位置について正確なことはわかっていない。『続日本紀』には金光明寺に関して次のような記事がある。

〈天平十五年正月十二日〉

金光明最勝王経を読ましめむが為に、衆の僧を金光明寺に請す。（中略）別に大養徳《やまと》国金光明寺に殊勝《しゆしよう》の会を設け奉りて、天下の摸《ためし》と為さむとす。

〈天平十六年十二月八日〉

一百人を度す。此の夜、金鍾寺と朱雀路《すざくじ》とに灯一万坏を燃す。

これらの記事により、紫香楽宮に遷ったのちも、平城京近くにある金光明寺・金鍾寺で法要が営まれたことが知られる。さらに天平十七年に都が平城京へ戻ったのちも『続日本紀』にたびたび登場する。

〈天平十八年十月六日〉

天皇と太上天皇と皇后と、金鍾寺に行幸したまひて、盧舎那仏を燃灯供養したまふ。仏の前後の灯一万五千七百余坏。夜、一更に至りて数千の僧をして、脂燭《ししよく》を擎《ささ》げ、讃歎供養して、仏を繞《めぐ》ること三匝《みたび》せしむ。三更に至りて宮に還りたまふ。

〈天平勝宝元年（七四九）七月十三日〉

諸寺の墾田地の限を定む。大安《だいあん》・薬師《やくし》・興福《こうふく》・大倭国法華寺《ほっけじ》、諸の国分金光明寺は、寺別に一千町。大倭国国分金光明寺は四千町。元興寺《がんごうじ》は二千町。弘福《ぐふく》・法隆《ほうりゅう》・四天王《してんのう》・崇福《すうふく》・新薬師・建興《こんこう》・下野薬師寺《しもつけやくしじ》・筑紫観世音寺《つくしかんぜおんじ》は、寺別に五百町。諸国の法華寺は、寺別に四百町。自余の定額寺《じょうがくじ》は寺別に一百町。

〈天平勝宝二年二月二十三日〉

大倭金光明寺に封三千五百戸を益す。前に通して五千戸。

大倭国金光明寺は、天皇・太上天皇・皇后が行幸し数千の僧が参集・法会することが可能な規模の寺となり、墾田の制限や封戸の規模でも他寺と比較しても別格であったことがわかる。大仏鋳造作業は天平十九年から開始されるので、天平十八年に行幸して燃灯供養をおこなった盧舎那仏を大仏の原型とみれば、ある程度は像の姿ができあがっていたものと推測できる。

一方で「正倉院文書《しょうそういんもんじょ》」をみると、金光明寺写経所《しゃきょうじょ》・金光明寺一切経所《いっさいきょうじょ》・金光明寺造物所・金光明寺造仏司などの活動の一端を知ることができる。天平十七年頃の文書には「丈六堂」「造丈六院」とみえ、金光明寺本尊が丈六仏《じょうろくぶつ》であったことをうかがわせる。のちに詳しくふれるが、上院地区にあった千手堂《せんじゅどう》に安置される銀盧舎那仏がこれにあたるとする堀池春峰氏の説がある。これに従うと、天平十八年に聖武天皇が燃灯供養をおこなった盧舎那仏は大仏の原型ではなく銀盧舎那仏だった可能性もあるが、新たにできあがった盧舎那仏（大仏）の原型と考えた方が数千の僧、一万五七〇〇余の坏と釣り合う。金光明寺金堂の所在地はまったくわからないが、森本公誠氏は地形などから現在の大仏殿辺りではないかと推測している（『東大寺のなりたち』岩波書店、二〇一八年）。大倭国金光明寺の具体的な姿は不明であるものの、組織や人物はそのまま東大寺へと継承されていった。

大規模な造成

奈良での大仏の造立は金鍾寺や福寿寺があった丘陵部よりもやや低い、平城京東京極に隣接する場所で再開された。大仏の建立に際して当初の地形を大規模に改変していたことが森蘊氏らの調査によって判明している（『奈良を測る』学生社、一九七一年）。これによると大仏殿付近は若草山から西へ派生する尾根上に位置し、この尾根頂部を大規模に削平して大仏建立のために平地を造り、現在の鏡池《かがみいけ》から戒壇院《かいだんいん》方向へ延びる谷筋を埋めていたらしい。現在の大仏殿の東側には道路が南北に通り、その東側は急斜面となっている。これは大仏殿を造営する時に、鐘楼《しょうろう》が建っている尾根を大きく削り取った痕跡である。

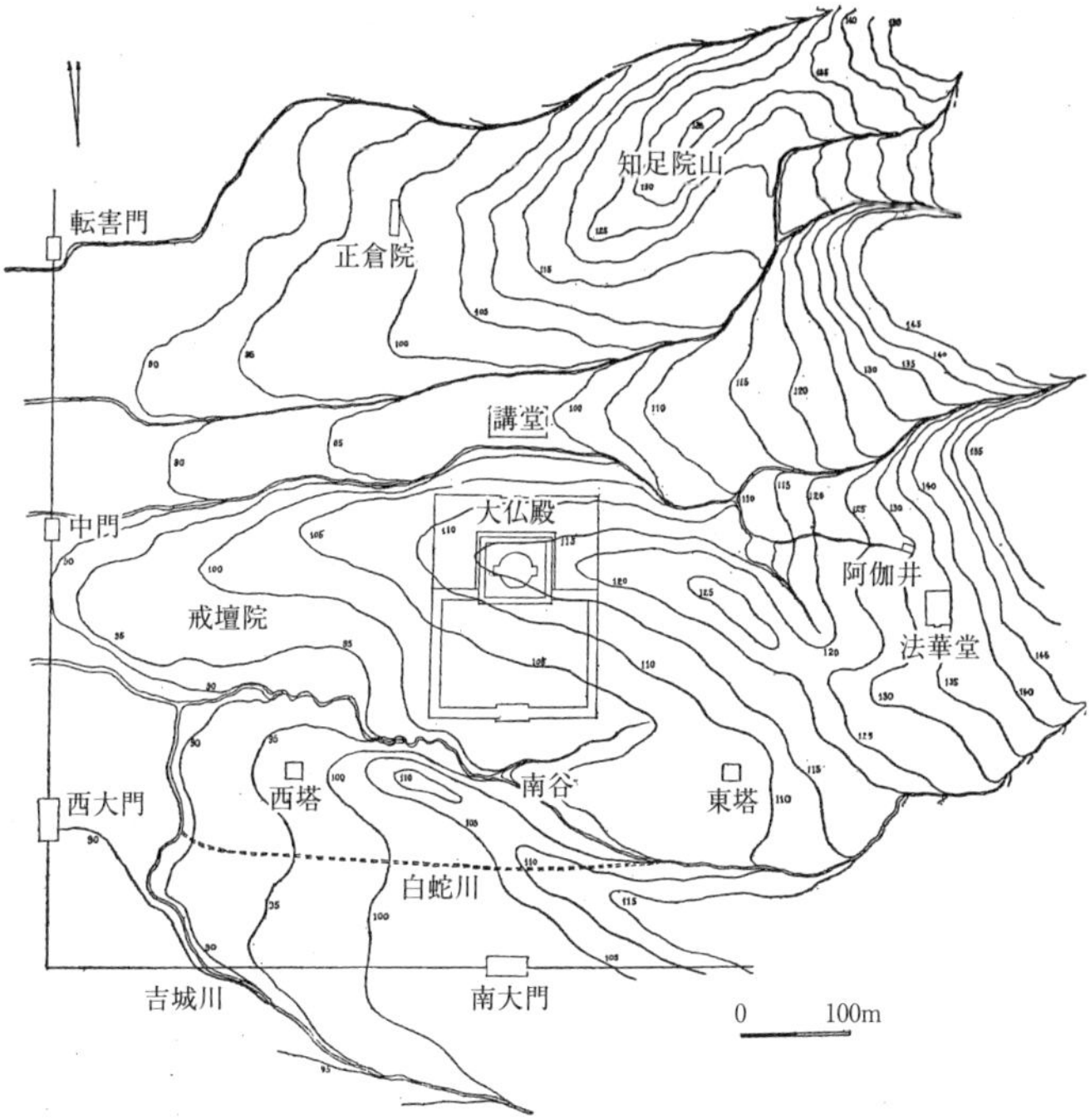

図８　復元された東大寺境内旧地形（森蘊『奈良を測る』学生社，1971年）

鏡池から流れる川は現在は大仏殿院南西を迂回するように流れているが、大仏殿西廻廊隣接地の発掘調査では、大仏鋳造時に利用されたと考えられる鋳造関係遺物を多量に含んだ土砂によって埋められた谷地形が発掘されており、大仏鋳造の廃土によって谷部分の整地がおこなわれたことが確認されている。大仏鋳造後、廃土を利用して谷を埋めて大仏殿院の敷地を造成し、現在のように谷を南側へつ

図9　大仏殿西廻廊隣接地の調査（橿原考古学研究所提供）

け替えたものと考えられる。

天平十八年十月六日、聖武天皇・元正《げんしょう》太上天皇・光明《こうみょう》皇后が金鍾寺に行幸して燃灯供養をおこなったことは、すでに述べた。この時には大仏建立再開から一年余りが経過し、寺地の造成を終えていたのであろう。

大仏殿碑文

大仏建立に関して最も詳しくまとめられている史料が、醍醐《だいごじ》寺本『東大寺要録』巻二に収録されている「大仏殿碑文」（以下「碑文」と省略）である。これは大仏完成後に大仏殿に掲示された障子（衝立《ついたて》）で、造立の経緯や、大仏・大仏殿・塔・鐘などの寸法と使用した材料の詳細を記し、末尾に建立作業に従事した仏師・鋳師・大工の名を記載している。創建時の大仏や各部分の正確な大きさを知ることができる貴重な史料である。本書の巻末に全文を引用しているので参照されたい。

「碑文」は、以下の八段からなる。

①聖武天皇による大仏造立の詔
②大仏造立の経過
③大仏の寸法
④大仏の材料と量
⑤大仏周辺に付属する仏像類
⑥大仏殿院と東西塔の規模
⑦鐘の寸法・材料
⑧大仏造立の技術者

「碑文」によると大仏の鋳造作業は天平十九年九月二十九日に開始され、鋳造作業に足かけ三年かかり、天平勝宝元年十月二十四日に作業が完了している。また仏体を八度に分けて鋳造したことも記される。

なお『東大寺要録』本願章が引用する「延暦僧録《えんりやくそうろく》」勝宝感神聖武皇帝菩薩伝や『扶桑《ふそう》略記《りやっき》』『朝野群載《ちょうやぐんさい》』などにも、若干の数値の異同があるものの大仏などの寸法や原材料の重量が記載されている。

大仏鋳造の技術者

造仏作業のために造仏司が設置されたのは天平十九年二月頃である。この役所の長官で、大仏建立の指揮をとったのが国君麻呂（国中《くになかの》公麻呂《きみまろ》）である。『続日本紀』宝亀《ほうき》五年（七七四）十月三日の卒伝によると君麻呂は百済人の後裔《こうえい》で、天智二年（六六三）に祖父の国骨富《こくこつぷ》が日本へ亡命したという。大仏造立に尽力し、造東大寺司次官の地位に進み、大和国　葛　下郡《かずらきのしもぐん》国中村に居住したことによって天平《てんぴょう》宝字《ほうじ》二年（七五八）に国中の姓を賜った。国君麻呂のもとで鋳造の作業にあたった技術者が高市大国《たけちのおおくに》・高市真麻呂《ままろ》・柿本小玉《かきのもとのおだま》である。この三人は名前からみて渡来系ではなく大和出身である。

造東大寺の下部に置かれた鋳所別当《べつとう》に任ぜられたのが上毛野真人《かみつけぬのまひと》と御杖年継《みつえのとしつぐ》である（『大日本古文書』五—一八八・一九八）。上毛野真人は天平七年の「正倉院文書」に写経所経師として登場し、天平十四年の福寿寺一切経所解（『大日本古文書』八—六三）に自署がある。天平十八年には金光明寺造物所舎人としてみえ（『大日本古文書』九—五二四）、さらに同年冬には造東大寺司判官《はんがん》とみえている（『大日本古文書』二四―三二九など）。東大寺の前身寺院の段階から奉仕し、東大寺造営を担当するまでになった重要人物の一人である。

鋳造の工程

大仏の鋳造方法については、香取忠彦氏や東京芸術大学美術学部の研究グループなどによってかなり明らかにされている。まず土を突き固めて御座となる土壇《どだん》を築き、その上に木材を組み立てて骨体とする。この骨体を粘土で覆って原形となる塑像《そぞう》を造るが、土壁を造るのと同様に骨組みの上に割り竹や縄などを巻きつけて籠状の大仏を造って土が落ちないようにし、その上に十分な土を塗って塑像が完成する。『続日本紀』によると、天平十八年十月六日に天皇・太上天皇・皇后が、金鍾寺（金光明寺）に行幸し盧舎那仏の燃灯供養をおこなっている。前後の灯火は一万五七〇〇坏余にもなり、夜に至ると数千の僧が讃歎供養をし、周囲を三回繞《めぐ》ったという（三匝《さんそう》といい、右回りに三回まわる旋礼法で、最高の礼である）。この時に大仏の原型が完成していたとすれば、数多の灯火に照らされて暗闇に浮かび上がった盧舎那仏は参加した者を感嘆させたに違いない。

次の工程は鋳型づくりである。大仏を八度に分けて鋳造したことを先にも述べたが、鋳型づくり→鋳造という作業を下から上へ八回繰り返しながら頭部まで鋳継いで仏体を鋳造したわけである。鋳型をつくるには、原形と鋳型とが粘着せずにきれいに型が外れるよう塑像の表面に薄紙を敷くか雲母《うんも》粉・滑石《かっせき》粉・石灰《せっかい》などを塗布し、その上に真土《まね》と呼ばれる非常に細かい粘土をぬり、その上に藁《わら》や籾殻《もみがら》を入れた粗い土、鉄の筋金や植物のツタをいれて型が崩れないように補強した粘土、さらに粘土をぬって造られる。鋳型は二メートル×二メートルほどの大きさに分割していったん取り外され、内面を炭火であぶって焼き締める。鋳型が外された後の原形の表面も銅の厚みの分だけ削り取る。大仏の銅の厚みは意外と薄く、現在の大仏を実測するとわずか四〜五センチ程度でしかない。削り取られた原形の表面も、鋳型内面と同様に火であぶられる。原形や鋳型を熱するのは、溶銅と接する面の湿気を除去し、水蒸気による暴発などを防ぐためである。

　次に鋳型を組み立てるが、この時、原形と鋳型の間に「型持ち」と呼ばれるものを挿入し、外型と中形《なかご》の間隔を一定に保つ。「正倉院文書」には「令鋳盧舎那仏像形持三千三百九十枚　各方四寸、厚一寸」とあり、一辺約一二センチの正方形で厚さ約三センチの銅製型持ち三三九〇枚を造東大寺司に付属する工房で鋳造させたことが記されている（『大日本古文書』二五―六七）。現在の大仏は鎌倉・江戸期に大きな補修を受けており、建立当初の部分は膝から腹部、右腋《わき》にかけてと蓮弁《れんべん》しか残存していないが、その箇所を内部から調査すると画鋲《がびょう》状の大型銅製品を所々にみることができる。これが型持ちである。

　鋳造作業を八回繰り返したというのは、大仏全体を八段にわけて、下から順に鋳造したことをいう。最下段の鋳造が終了すると、鋳型や周囲の盛り土はそのままにして、その上で二段目の鋳造作業をおこなう。一段目と二段目の鋳造部分がずれたりしないように接合面をかみ合わせる「鋳《い》からくり」が施される。東京芸術大学グループの調査では、大仏右腕部分に創建時の鋳境があり、上方の溶銅が爪状に垂下している部分を確認し、創建期の鋳からくりと考えている（前田泰次・西大由・松山鐵夫・戸津圭之介・平川晋吾『東大寺大仏の研究』岩波書店、一九九七年）。大仏鋳造作業ではこのように鋳造↓盛り土↓上段の鋳造という作業が繰り返された。したがって八段目の頭部鋳造時には大仏は完全に土の山に覆われたことになる。

大仏の材料

　大仏の材料は銅・錫《すず》・鉛の合金であり、「碑文」には熟銅七三万九五六〇斤、白鑞一万二六一八斤を用いたと記される。大仏を鋳造するためには、これらの材料とともに、燃料としての炭や、熔解を速やかに進行させるための触媒としての石灰岩を溶解炉に投入し、鞴《ふいご》で送風しながら高温で熱して溶かす必要がある。この溶解炉は粘土や煉瓦《れんが》を用いて大仏の周囲に築かれ、炉の下方にあけられた穴から溶けた銅を鋳型に注ぎ込むようになっている。

奈良時代の大仏鋳造に関連する多量の遺物が出土したのが、昭和六十三年（一九八八）に実施された大仏殿西廻廊隣接地の発掘調査である。この調査では、鋳造作業時に銅を溶かした溶解炉の破片を含む土が二メートルの厚さで大仏殿院の西側に堆積していることが確認されたが、ここから出土した溶解炉片のなかには、溶解途中の銅・炭・石灰岩などが溶けきらずに付着しているものも含まれていた。銅の成分を分析した結果、錫の含有率が創建時の大仏とほぼ同じであることや、銅の産地が山口県美祢《みね》市にある史跡長登《ながのぼり》銅山であることが明らかになっている。

長門国長登銅山

長登銅山は美祢市にある秋吉台《あきよしだい》カルスト台地の東南麓に位置する銅山跡で、東西一・六キロ、南北二・三キロの範囲内に採鉱跡や製錬跡が分布し、昭和三十七年（一九六二）まで操業が続けられていた。八世紀の長登銅山は和同開珎《わどうかいちん》の原料銅生産のために長門《ながと》国直轄の採銅・製錬官衙《かんが》として運営され、大切《おおきり》製錬遺跡、山神《さんじん》製錬遺跡、滝《たき》ノ下《した》・大切山採鉱跡、榧ヶ葉山《かやがばやま》採鉱跡などの遺構がある。榧ヶ葉山採鉱跡は幅一五メートル、深さ七メートルの露天掘りで、底部からは鉱脈に沿ってトンネルを掘って採鉱しており、坑内からは奈良時代前半の土器が出土している。採掘された銅鉱石は近くの製錬所に運ばれ、石槌《いしづち》などで砕かれて選鉱され、溶解炉に入れられて摂氏一〇〇〇度近い高熱で溶解され、銅とそれ以外の不純物（からみ）に分けられる。製錬遺跡からは多くの溶解炉跡が検出され、からみや溶解炉の破片・鞴の羽口《はぐち》・選鉱に使用された石槌や要石が出土している（池田善文『日本の遺跡四九　長登銅山』同成社、二〇一五年）。

長登銅山では、大切製錬遺跡近くの谷底から八〇〇点余の木簡が出土している（美東町教育委員会『長登銅山跡出土木簡「古代の銅生産シンポジウムin長登」木簡展解説図録』二〇〇一年）。木簡はすべて銅の製錬に関係するもので、木簡にみえる年紀は和銅年間から天平年間に及ぶ。木簡の記載内容は和炭や米の出納記録・製錬銅整理用の付札・調庸物荷札であり、奈良時代の長登銅山における採鉱・製錬の具体的様相を示している。製錬作業は各工人の作業量などが管理されていたらしく、木簡には製錬をおこなった作業者名や出来高が記されて銅塊に括りつけられていた。付札には「枚一」などと記されたものが多く、製錬された銅は板状のインゴットにされて納められたと考えられる。木簡のなかには銅山からの逃亡者の人数を数え上げたものもある（橋本義則「銅の生産・消費の現場と木簡」『文字と古代日本三　流通と文字』吉川弘文館、二〇〇五年）。

長登で製錬された銅は、長門国司によってまとめられ、海路を通って東大寺まで運ばれた。「正倉院文書」には造東大寺司から長門国司へ宛てた書類があり、運搬船の乗組員の報酬・食料・納入された銅の内訳などが詳細に記されている（『大日本古文書』二五—一五五）。この文書の場合には、一度に二万六四七四斤の銅が長門国から東大寺に納められている。

大仏の仕上げ作業

鋳造作業が終了すると、今度は逆に頭部から下へ順に盛り土を崩し、鋳型を外していく。中形と鋳型の間にうまく溶銅が流れ込まなかった所や、内部にガス（溶解時に金属が吸収した酸素や水素は凝固時に放出される）が溜まって空洞となった部分（鬆《す》）には、再度銅を流し込む鋳掛けと呼ばれる作業を施したり、疵《きず》をタガネで切削したのちに同質の金属板をはめ込む切嵌《きりはめ》と呼ばれる技術を駆使して大仏の欠損部分を補い、荒れた表面をヤスリやタガネで切削して整え、表面を砥石《といし》で磨いて平滑にする。

こうした鋳造失敗箇所の修正や表面の仕上げ作業がおこなわれたのち、頭部には別に鋳造された九六六個の螺髪《らほつ》が取りつけられた。そして大仏の表面に鍍金《ときん》を施す作業が天平勝宝四年三月十四日に開始される。当時の金メッキはアマルガム法という方法でおこなわれた。これは、金を水銀に溶かし、金属の表面に塗布したのちに炭火で熱して水銀を蒸発させて、金のみを表面に定着させる方法である。「碑文」には原材料として錬金一万四三六両、水銀五万八六一〇両と記されている。

黄金出現

天平二十一年二月二十二日、都へ朗報が届いた。陸奥《むつ》国で黄金が発見されたのである。その頃、東大寺では仕上げに用いる金が不足して困っていた。四月一日に聖武天皇は皇后・皇太子とともに東大寺に行幸し、盧舎那仏に対面して黄金出現を報告している。十四日にも東大寺へ行幸し、黄金出現を祥瑞《しょうずい》として「天平感宝《てんぴょうかんぽう》」と改元した（これが最初の四字元号である）。同月二十三日になり陸奥守百済王《くだらのこきし》敬福《きょうふく》によって黄金九〇〇両が献上された。この金が発見された場所は、宮城県遠田郡《とおだぐん》涌谷町《わくやちょう》の史跡黄金山産金遺跡で、付近では「天平」と元号が箆《へら》書きされた瓦が出土している。聖武天皇はこれをきっかけとして出家し、自ら「太上天皇沙弥《しゃみ》勝満《しょうまん》」と称し、七月二日に譲位し孝謙《こうけん》天皇が即位した。

木簡からみた大仏建立

東大寺出土木簡

大仏殿西廻廊隣接地の発掘調査では大仏鋳造に関連する木簡が二二六点出土している。木簡には大仏鋳造の作業に携わった労働者の差配や資材の出納に関するものと、鋳造に使用された銅の付札木簡とがある。出土木簡の記載内容から、光明皇后の家政機関である皇后宮職《こうごうぐうしき》から一万一二二二斤もの上質の銅が東大寺に送られていたこと、主水司《しゅすいし》から智識として銭二〇〇文が寄進されたこと、少丁（一七～二〇歳の男子）も大仏鋳造作業に参加したこと、光明皇后により設置された施薬院《せやくいん》から鋳造現場へ職員が派遣されていたことなど、大仏鋳造の具体的な様相が明らかになった。

木簡には物資や人の差配に関係するものが多く、これらの木簡は造仏司で実際の作業を管理した部署から廃棄されたものであろう。また銅の付札木簡は「右四竈」と書かれたものや「投一度」と書かれたものがあるので、東大寺に集積された銅を、大仏左右に配置された複数の溶解炉に振り分けるためにつけられたものと考えられる。

木簡はどのように利用されたか

これまで東大寺木簡は、大仏建立で使用された銅の付札、大仏建立に関係する木簡というように漠然と考えられてきた。ここではもう少し踏み込んでこれらの木簡の性格を考えてみたい。

図10　大仏殿西廻廊隣接地出土木簡（橿原考古学研究所提供）

右にも述べたが出土した木簡は大きく分けて、

①銅の付札
②労働者の差配
③資材の管理

に分類することができる。①は大仏鋳造に直接関わるものであるが、②や③の存在を考えると大仏建立に関わる事務組織との関係も考慮しなければならない。例えば主水司から智識として貢進された銭二〇〇文の付札は造立に関係する会計事務のなかで処理されたものであろう。これらの木簡はどこでどのように使われ、誰によって廃棄されたのであろうか。

①の木簡には以下のようなものがある。

・「∧　右二竈卌一斤投一度」

・「∧　　□□一日　」

この木簡は、大仏の右側に設置された二番目の溶解炉に投入するための銅四一斤（唐の一斤は約〇・六八キログラムなので約二八キログラム）の付札である。

・「∧　右四竈廿九斤数廿交易」

・「∧　　六月廿五日　」

これも同じく大仏の右側に配置された四番目の溶解炉に投入するための銅二九斤（約二〇キログラム）の付札であるが、「数廿交易」とは二九斤のうち二〇斤が調達品だということを示している。材料の入手元は溶解炉での作業には不要な情報なので、鋳造より前の段階で書かれたものといえる。

・「∧釜破中□□」

・「＞　九十九斤」

これは釜（溶解炉）を取り壊した時に中から取り出した銅の付札であり、内部に残った銅を再利用していることがわかる。

「＞白銅砕一裏」

白銅とは銅と錫の合金で青銅よりも錫の含有量が多いため白く輝く。「砕」とあるのは一度製品となったものを砕いて再利用したのであろう。

これらの付札木簡は、長登銅山から出土する木簡と大きさや形状が類似するものも少なくないが、木簡の記載内容は東大寺で記されたものであるとみてよい（橋本義則氏は、人名の記載がある銅付札は長登でつけられ東大寺で外されたものとする）。銅の重量や使用先の溶解炉の表記があるのは、次のような理由が考えられる。

大仏の材料は銅や錫の合金であるため、材料の比率をある程度一定にしておかないと、融点が変わったり仕上がりの硬さや色合いなどにもばらつきが生じることになる。そのため溶解炉に銅を溶かす前にあらかじめ必要な分量を計算しておく必要がある。鋳型に溶銅を流す鋳込み作業において、適切な量を準備しておかないと鋳込みの途中で材料が不足になったり、あるいは逆に多量に余って燃料消費や作業工程の無駄が生じることになってしまう。金属だけではなく溶解炉の温度を上げるために必要となる燃料の量についても事前に計算されたはずである。

鋳造にあたって必要とする材料や燃料の算出や出納記録作成のために右のような付札が作成されたと考えるのが妥当である。また、材料を炉に投入するために木簡が取り外された後も、木簡はそのまま燃やしたりされることなく回収されたとみられる。

分類の②は造営作業に従事する労働者を差配するために用いられた木簡である。

・辺家継　　」

・⌈　⌋□〔塞カ〕卅人
　卅一人正丁
　十七人□□〔少丁カ〕⌈　⌋」

少丁は一七歳以上二〇歳以下の男子で、大宝令《たいほうりょう》で定められた年齢区分である。

・「　薬院依仕奉人　大伴部鳥上　入正月⌈　⌋〔五日カ〕　肥後国菊地郡□〔子カ〕養郷人　『□』　」
　　　　　　　　　大伴部稲依　入正月五日

・「『悲田　悲田院　　充大□不□末⌈　⌋⌈　⌋』　」

この木簡は薬院（施薬院）から大伴部鳥上《おおともべのとりかみ》と大伴部稲依《いなより》の二名が奉仕に参加したことを

記したもので、裏面は習書だが「悲田院《ひでんいん》」がみえる。施薬院も悲田院も弱者救済のために皇后宮職の下に設置された機関である。光明皇后による大仏建立の支援が人材と、次のような物資の両面から厚くおこなわれたことがわかる。

分類の③には、皇后宮から送られた上質の銅の送り状や知識銭の付札、食料となる庸米《ようまい》の荷札などがある。

・「自宮請上吹銅一万一千二百廿二斤
『自宮宮宮［　］宮足宮足宮自口』

・「『□□　［　］
□□□□嶋□人　預大
□令□□□□　［　　］』

「宮より請《う》く」とは皇后宮から受領したという意味であり、光明皇后の宮が多量の銅を東大寺に納入したことを意味する。長登銅山から出土した木簡には生産した銅の供給先として「太政大殿」と記したものがあり、故太政大臣《だいじょうだいじん》藤原不比等《ふじわらのふひと》から権益を相続した人物の存在が想定される。藤原不比等の娘である光明皇后がこうした経路から銅を入手した可能性もあろう（渡辺晃宏『平城京一三〇〇年「全検証」』柏書房、二〇一〇年）。

・「〳〵主水智識　」
・「〳〵銭二百文　」
「主水」は宮内省に属する主水司のことで、その役人たちが智識として出し合った銭貨二〇〇文に括りつけられた小型の付札である。大仏建立の詔にあるような、様々な組織や集団から資材や労力が提供された状況の一端を示している。

「□□マ広麻呂庸米五斗」

庸米は大宝令制では畿外の人が年に一〇日間都での労働に従事するべきものを米で代納したものであり、衛士《えじ》・仕丁《しちょう》などの都城で働く者の食糧、あるいは雇民《こみん》の財源にあてられた。この木簡の五斗（現在の米三〇瓩《キログラム》にあたる）は当時の俵の標準的な容量によるもので、東大寺造営に従事する人々の食糧として消費された米の付札である。都城から出土する木簡では六斗あるいは五斗八升で納められることも多かった（一ヵ月が大の月＝三〇日の場合は六斗、小の月＝二八日の場合は五斗八升）。

以上、東大寺大仏殿西廻廊隣接地から出土した木簡を概観してきたが、これらの木簡の中に年代を直接示すものはない。ただ、分類の②で取り上げた木簡の「…辺家継」と書かれた人名が手がかりとなりそうである。「正倉院文書」をみると東大寺写経所の校生《こうせい》として上毛野家継《やかつぐ》なる人物が登場する。天平勝宝二年（七五〇）から翌年にかけての文書にみえ、天平勝宝二年四・五月のものには「田辺家継」とある（『大日本古文書』一〇―五一四、一一―二〇六・二〇八など）。この時期に田辺姓から上毛野姓に改めた者が多いので、田辺家継も同様に上毛野家継へと改めたとみられる。木簡の「…辺家継」が田辺家継と同一人物としてよいならば、東大寺大仏殿西廻廊隣接地から出土した木簡群の年代も天平勝宝二年より前のものということになる。大仏の鋳造作業は天平勝宝元年十月二十四日に完了しているので、木簡群の推定年代とも一致する。

以上から総合して判断すると、これらの木簡は鋳造現場そのものから廃棄されたわけではなく、鋳造作業の管理部門によって廃棄されたもので、材料の分配や計算、労働者の管理、賃金の支払い、材料の確保・購入、帳簿の作成などといったデータの集計に木簡が活用されていたらしい。「碑文」にみえる東大寺建立に関わる原材料の数量や「造寺材木知識記」にみえる人数や物資の数字は、右の木簡群を廃棄したとみられる管理部署が木簡や文書などの記載に基づいて集計したうえで算出されたものと考えられるので、信頼のおける正確な数字と考えてよいだろう。

開眼供養

開眼供養会

鍍金作業開始からわずか一ヵ月足らずのちの天平勝宝四年（七五二）四月九日、大仏開眼供養がとりおこなわれた。おそらく大仏の鍍金はまだ部分的なもので完了していなかったと考えられる。聖武太上天皇・孝謙天皇がはやくも四月四日に東大寺へ行幸しているのは（『東大寺要録』供養章）、開眼供養が待ち遠しかったのであろう。

天平勝宝四年四月九日、太上天皇・皇太后・天皇臨席のもと大仏開眼の法要が営まれた。本来は釈迦《しゃか》の誕生日である四月八日におこなう予定だったらしいことが開眼師たちを招請する勅（『東大寺要録』に収録）から知られるが、なんらかの事情で一日延期になったようである。『続日本紀』には法要の様子を次のように簡潔に記している。

> 夏四月乙酉（九日）。盧舎那大仏の像成りて、始めて開眼す。是の日、東大寺に行幸したまふ。天皇、親ら文武百官を率ゐて、設斎大会《せっさいだいえ》したまふ。其の儀、一ら元日に同じ。五位已上は礼服《らいふく》を著る。六位已下は当色《とうじき》。僧一万を請ふ。既にして雅楽寮《ががくりょう》と諸寺との種々の音楽、並に咸《ことごと》く来り集る。復《また》、王臣諸氏の五節《ごせち》・久米儛《くめまい》・楯伏《たてふし》・踏《とう》歌《か》・袍袴《ほうか》等の歌舞有り。東西より声を発し、庭を分て奏《つかえまつ》る。作すことの奇しく偉《とうと》きこと、勝《あ》げて記すべからず。仏法東に帰りてより、斎会《さいえ》の儀、嘗《かつ》て此の如く盛なるは有らず。是の夕、天皇、大納言藤原朝臣仲麻呂《なかまろ》が田村の第に還御《かんぎょ》します。以て御在所としたまふ。

『東大寺要録』供養章第三には開眼供養会の次第が事細かに記されている。供養会に先立って三月二十一日に聖武太上天皇が勅によって菩提僧正・隆尊律師《りゅうそんりつし》・道璿《どうせん》律師・景静《けいじょう》禅師《ぜんじ》を招いている。四月九日の開眼供養会当日は、聖武太上天皇や光明皇太后、孝謙天皇の見守るなか開眼師の菩提僧正が筆をとって開眼し、参集人はその筆につけられた縄を手にした。本来は聖武太上天皇自らが開眼をおこなうはずであったが、「朕身疲弱、不便起居」のため代理人として菩提僧正を請うたのである。

大仏殿前庭に設けられた東大堂布板殿《ひがしだいどうふばんでん》に太上天皇・皇太后・天皇が座し、いよいよ開眼が開始された。堂内は種々の造花や美しい繡幡《しゅうばん》で荘厳《そうごん》され、堂上《どうじょう》からは散華《さんげ》がなされた。複位以上の僧が南門から参入し、続いて開眼師の菩提僧正が輿《こし》に乗り白笠を捧げられて東から入場した。次に講師の隆尊律師が同じく輿に乗り西から、読師《どくし》の延福《えんぷく》法師が東から入り堂幄に着座した。開眼師の菩提僧正が仏前へ進み、筆をとって開眼した。筆には縄がつけられ、参集した人々もそれにより開眼に加わった。開眼が終わると講師・読師が高座に登り『華厳経《けごんきょう》』を講説した。衆僧・沙弥らが南門から左右に分かれて参入し東面北の幄に着した。そして大安寺・薬師寺・元興寺・興福寺が様々な奇異の物を献上した。その後、種々の舞楽の奉納がおこなわれたという。

この開眼供養会について『続日本紀』は「仏教が日本に伝わって以来、これほど盛大におこなわれた儀式はいまだかつてない」と表現している。聖武太上天皇も光明皇太后も誇らしさと安堵で胸がいっぱいになったに違いない。

開眼供養ゆかりの品

正倉院宝物や東大寺寺宝のなかには、この開眼供養会で使用された品々が伝えられている。

正倉院のものは開眼に使われた筆・墨・籠一式と伎楽面一三一面で、全長一九八メートルの綾《あや》には付箋《ふせん》があり「開眼縷一条、重一斤二両大、天平勝宝四年四月九日」と記されている。筆は文治《ぶんじ》元年（一一八五）の大仏再興の開眼供養でも後白河《ごしらかわ》法皇が使用している。開眼供養会に使用されたゆかりの品は正倉院宝物だけでなく、東大寺にも伎楽面三九面が遺っている。

図11　開眼縷（正倉院宝物）

その後も続く東大寺の造営

開眼供養は滞りなくおこなわれたものの、伽藍の造営は全体の一部しかできあがっていなかった。この頃に存在した建物は大仏殿のみで廻廊はなく、塔や講堂・僧房・食堂はまだ完成していなかった。

そのため、開眼供養会ののちも東大寺では槌音が絶えることはなく、壮大な伽藍の建設が続けられた。詳しくは以降に述べることとする。

史料・絵図からみた奈良時代の東大寺

「東大寺山堺四至図」に描かれた東大寺

東大寺の創建まで

東大寺の創立事情は複雑である。先にみたように聖武《しょうむ》天皇の皇子基王《もといおう》（あるいは某王）の冥福を祈るために神亀《じんき》五年（七二八）に建立された山房が金鍾寺《こんしゅじ》となり、天平《てんぴょう》十四年（七四二）に大倭国《やまと》国分寺《こくぶんじ》となり改称されて金光明寺《こんこうみょうじ》となった（『東大寺要録《とうだいじようろく》』雑事章、天平十四年七月十四日太政官符《だいじょうかんぷ》）。

このほか天平十年頃に建立されたとみられる福寿寺《ふくじゅじ》も天平十四年に金鍾寺と合併して金光明寺に改称された。福寿寺写経所《しゃきょうしょ》が東大寺写経所に継受されていることから、この福寿寺も東大寺の前身寺院の一つであったと考えられる（『福山敏男著作集　二』中央公論美術出版、一九八二年）。福寿寺は天平十一年七月の文書「皇后宮職《こうごうぐうしき》移」が初見で、主要堂宇《どうう》と

吉川弘文館

新刊ご案内　2020年10月

〒113-0033・東京都文京区本郷7丁目2番8号　振替 00100-5-244（表示価格は税別です）
電話 03-3813-9151（代表）　ＦＡＸ 03-3812-3544　http://www.yoshikawa-k.co.jp/

さまざまな生涯を時代とともに描く
一大伝記シリーズ！

人物叢書 新装版

日本歴史学会編集　四六判・平均300頁

●最新刊の2冊

藤原冬嗣《ふゆつぐ》（通巻306）

虎尾達哉著　二二〇〇円

藤原北家出身の貴族。嵯峨天皇の信任を得て政界の頂点に立ち、のちの摂関家興隆の基礎を築いた。漢詩や薫物の才にも秀でたほか、最澄・空海を支え仏教界にも貢献。薬子の変や自然災害を乗り越えた非凡な政治家の生涯。　三〇四頁

上杉謙信（通巻307）

山田邦明著　二四〇〇円

越後国の戦国大名。父長尾為景の死後、当主として関東管領上杉氏を助け、その姓と職を譲られる。信玄・信長と対決し、関東出陣を目前に病没。謙信発給の書状などから生涯を辿り、領国統治の実態や信仰、人柄に迫る。　三四四頁

忽ち2刷！

大学で学ぶ 東北の歴史

東北学院大学文学部歴史学科編　A5判・二六八頁／一九〇〇円

日本史の中に東北の歴史を位置付けるため最適なテーマを選び、遺跡・争乱・人物や自然災害など東北独自のトピックスを盛り込んだ通史テキスト。歴史愛好家や社会人など、歴史を学びなおしたい人にも最適な入門書。

天下は戦国！

享徳の乱から大坂の陣まで、一六〇年におよぶ戦国社会の全貌を描く

列島の戦国史

全9巻
刊行中

〈企画編集委員〉池 享・久保健一郎

四六判・平均二六〇頁／各二五〇〇円 『内容案内』送呈

●新刊の4冊

3 大内氏の興亡と西日本社会

長谷川博史著

十六世紀前半、東アジア海域と京都を結ぶ山口を基盤に富を築き、列島に多大な影響を与えた大内氏。大友・尼子氏らとの戦い、毛利氏の台頭などを描き出し、分裂から統合へ向かう西日本を周辺海域の中に位置づける。

＊十六世紀前半／西日本

4 室町幕府分裂と畿内近国の胎動

天野忠幸著

十六世紀前半、明応の政変などを経て室町幕府は分裂。分権化が進み、新たな社会秩序の形成へと向かう。三好政権の成立、山城の発展、京都や大阪湾を取り巻く流通などを描き、畿内近国における争乱の歴史的意味を考える。

＊十六世紀前半／中央

6 毛利領国の拡大と尼子・大友氏

池　享著

十六世紀後半、西日本では大内氏を倒し台頭した毛利氏をはじめ、尼子や大友、島津などの地域勢力が熾烈な領土争いを繰り広げた。海外交易の実態、流通・経済の発展など社会状況も概観し、西国大名の覇権争いを描く。

＊十六世紀後半／西日本

7 東日本の統合と織豊政権

竹井英文著

十六世紀後半、関東では武田・上杉・北条らの領土紛争が激化、奥羽では伊達の勢力が急拡大する。戦乱の中で進化する築城技術や経済活動、領国支配の構造などを描き、織豊政権の介入で統合へ向かう東日本の姿を追う。

＊十六世紀後半／東日本

1 享徳の乱と戦国時代

〈2刷〉

久保健一郎著

十五世紀後半、上杉方と古河公方《くぼう》が抗争した享徳《きょうとく》の乱に始まり、東日本の地域社会は戦国の世へ突入する。室町幕府の東国対策、伊勢宗瑞《そうずい》の伊豆侵入、都市と村落の様相、文人の旅などを描き、戦国時代の開幕を見とおす。

＊十五世紀後半／東日本

続刊書目

2 応仁・文明の乱と明応の政変
大薮　海著
＊十五世紀後半／中央・西日本

5 東日本の動乱と戦国大名の発展
丸島和洋著
＊十六世紀前半／東日本

8 織田政権の登場と戦国社会
平井上総著
10月刊行
＊十六世紀後半／全国

9 天下人の誕生と戦国の終焉
光成準治著
＊十七世紀初頭／全国

6 日本宗教史研究の軌跡

佐藤文子・吉田一彦編

二九四頁

日本宗教史の諸学説はいつ、どのようにして成立したのであろうか。明治・大正以来の研究の歩みを振り返り、今後の学問の方向を探る。近代国家の展開に共振する学問史を洞察し、新たな日本宗教史研究の地平をめざす。

●続刊

2 世界のなかの日本宗教

上島　享・吉田一彦編

5 日本宗教の信仰世界

伊藤　聡・佐藤文子編

4 宗教の受容と交流

佐藤文子・上島　享編

10月発売

全巻予約受付中！

ご予約は最寄りの書店、または小社営業部まで。

【本シリーズの特色】

◉宗教史の視座から、現代日本の信仰、文化、社会などのあり方を再考する。

◉古代から現代に至る日本宗教の歴史を通史的に把握しつつ、各巻にその特徴を浮き彫りにするテーマを設定。

◉日本史・外国史・宗教学・文学・美術史・建築史・民俗学等の諸分野の成果を反映しつつ、垣根を越えて総合的に考察し、新たな人文学の方向性を模索する。

◉日本の宗教は世界史のなかにどのように位置づけられるのか。諸外国との交流により形成された宗教文化の実相を明確化し、国際社会と日本の関わりを描く。

◉仏教・神道・キリスト教・儒教・陰陽道など、個別の宗教や宗派研究の枠を出て、それぞれが融合・衝突・併存しつつ日本社会に定着した姿を考察する。

◉日本の思想・学問・芸術そして生活へと影響を与えた宗教文化の内実を論じ、人びとの信仰のかたちと死生観を明らかにする。

◉日本の宗教を私たちがどう自己認識してきたかを検証し、宗教の概念を問い直す。

歴史文化ライブラリー

●20年6月～9月発売の7冊

四六判・平均二二〇頁

※通巻505は編集上の都合により刊行を遅延します。

人類誕生から現代まで／忘れられた歴史の発掘／常識への挑戦／学問の成果を誰にもわかりやすく／ハンディな造本と読みやすい活字／個性あふれる装幀

502 六国史以前 日本書紀への道のり

関根 淳著

〈2刷〉

日本古代史の基本史料として絶対的な古事記と日本書紀。だが、古代には〝記紀〟以外にも帝紀《ていき》・旧辞《きゅうじ》、天皇記・国記、上宮記《じょうぐうき》など多くの史書が存在した。これらの実態に迫り、古事記を一つの史書として位置づけなおす。

二八四頁／一八〇〇円

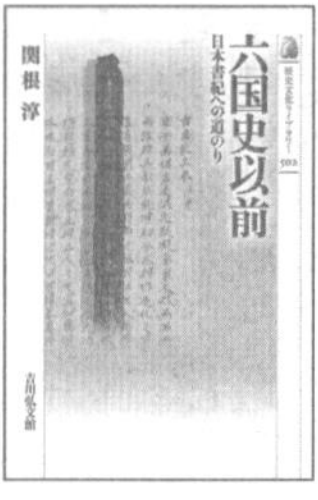

503 日本の開国と多摩 生糸・農兵・武州一揆

藤田 覚著

ペリー来航や開港・自由貿易の開始は多摩に何をもたらしたのか。際限ないカネ・ヒトの負担、生糸生産発展の一方で生じた経済格差、武州一揆の発生など、その要因・実態を探り、未曽有の大変革に生きた多摩の営みを描く。

二四〇頁／一七〇〇円

504 藤原仲麻呂と道鏡 ゆらぐ奈良朝の政治体制

鷺森浩幸著

奈良時代、政治の実権を持った藤原仲麻呂と道鏡。彼らはいかに絶大な権力を握ったのか。乱を起こし一族滅亡した仲麻呂、皇位に手が届いたかにみえたが失脚した道鏡。二人の人物像と政治背景を軸に政変の実像を探る。

二四〇頁／一七〇〇円

506
天神様の正体
菅原道真の生涯

森　公章著

儒者の家に生まれた菅原道真は、なぜ政治の世界で異例の出世を遂げたのか。また、なぜある日突然、大宰府に左遷されたのか。三善清行との確執や遣唐使廃止に至る真相など、さまざまな側面から〝天神様〟の姿に迫る。

二四〇頁／一七〇〇円

507
古代の食生活
食べる・働く・暮らす

吉野秋二著

食べれば残らないから、はるか古《いにしえ》の食生活は再現が難しい。誰が何をどう食べたのか。米の支給方法や調理、酒の醸造と流通、東西の市場、酒宴の様子などからアプローチ。食事を成り立たせた社会の仕組みを明らかにする。

一九二頁／一七〇〇円

508
イエズス会がみた「日本国王」
天皇・将軍・信長・秀吉

松本和也著

戦国末期に来日し、キリスト教を布教したイエズス会の宣教師たち。彼ら西洋人は、日本の権力者をどのように見ていたのか。書き残された膨大な書翰《しょかん》や報告書を分析し、実体験に基づく日本国家観、権力者観を読み解く。

二三四頁／一七〇〇円

509
難民たちの日中戦争
戦火に奪われた日常

芳井研一著

日中戦争の全面化は、中国大陸で戦禍を逃れて流浪する厖大な戦争難民を生んだ。都市爆撃が戦争の展開にもたらした影響や、国民政府と中国共産党の難民救済対策などに光を当て追跡。従来の〈日中戦争史〉に一石を投じる。

二七二頁／一八〇〇円

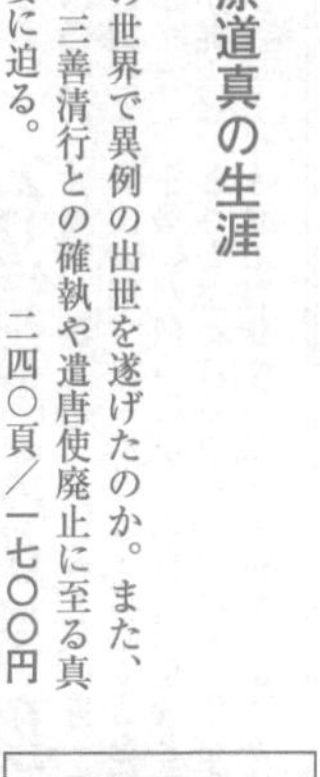

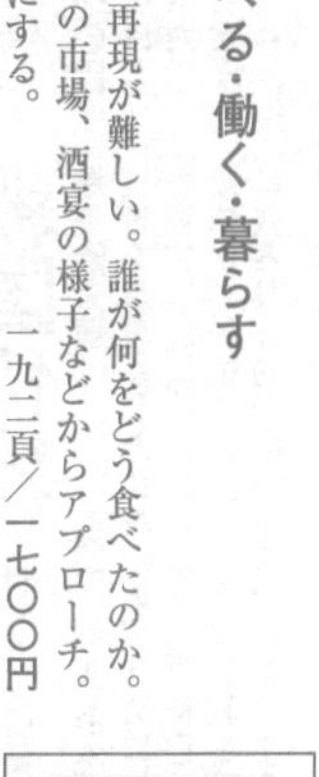

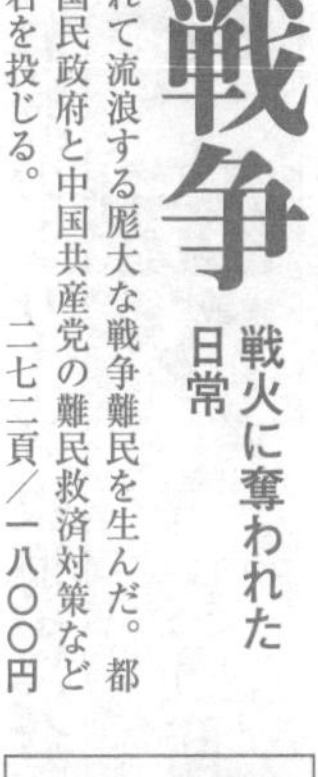

鉄道沿線からみた関東大震災
被災前・直後・復旧後の姿がよみがえる
貴重な写真帖を新装復刊！

関東大震災 鉄道被害写真集

惨状と復旧 一九二三—二四

東京鉄道局写真部編

B5横判・二九六頁
一八〇〇〇円 『内容案内』送呈

解説 老川慶喜 立教大学名誉教授

一九二三年（大正一二）九月一日、東京・神奈川・静岡・千葉・埼玉・山梨・茨城の一府六県に甚大な被害を与えた関東大震災。東京鉄道局の写真技師が、東海道線・中央線・東北線・常磐線・総武線などの沿線の被災状況や応急工事の様相を撮影した二四四枚を収めた写真帖を新装復刊。風俗や建物など、大正末期の社会・世相もよみがえる貴重な記録。（写真はいずれも本書より）

ユネスコの世界文化遺産に登録された
平泉の魅力に迫る！

平泉の文化史

全3巻刊行中！

菅野成寛監修

B5判・本文平均一八〇頁
原色口絵八頁／『内容案内』送呈
各二六〇〇円

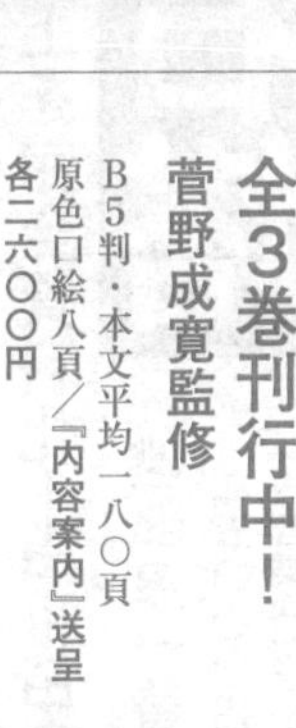

❷平泉の仏教史 歴史・仏教・建築

菅野成寛編 〈最新刊〉本文一九八頁

柳之御所の発掘調査と保存運動は、平泉諸寺院と仏教史究明への大きな契機となった。『中尊寺供養願文』や金銀字一切経などに着目し、平泉前史の国見山廃寺の性格から鎌倉期の中尊寺史まで、平泉仏教文化の実像に迫る。

〈既刊〉

❶平泉を掘る 寺院庭園・柳之御所・平泉遺跡群

及川 司編 発掘成果から、中世の平泉を復元する！

〈続刊〉

❸中尊寺の仏教美術 彫刻・絵画・工芸

浅井和春・長岡龍作編

まぼろしの南都の名園をさぐる待望の発掘調査報告書！

名勝 旧大乗院庭園

本文編 四九六頁
図版・資料編 三七二頁

奈良文化財研究所編集・発行（吉川弘文館・発売）

全2冊セット 『内容案内』送呈

三二〇〇〇円＊分売不可

Ａ４判・函入・外箱付

名勝旧大乗院庭園は、南都の名園と謳われた日本庭園である。奈良文化財研究所が長年の発掘調査と、豊富な文献や絵画資料との対比により、名園の全貌と歴史を解明する。高精細印刷による鮮明な図面・写真を多数掲載し、関連資料を網羅的に収集、旧大乗院庭園の歴史的価値を裏づける一冊。中近世史、庭園史、建築史、考古学、寺院史研究に必備の報告書。

東北から関東甲信越・静岡まで、千基以上を完全資料化―中世史への新たな提言

東国の中世石塔

磯部淳一著

二五〇〇〇円

『内容案内』送呈

余見宝篋印塔
（伝源頼朝墓・神奈川県）

畿内で成立し、東国に伝播した中世石塔。平泉文化の栄えた東北から関東甲信越・静岡にいたる千基以上の石塔を集録し、四十年にわたる現地調査による基本データと解説、写真、図表により紹介。その形態や分布から各地域の特徴を明らかにし、中世石塔の全容に迫る。資料として、五輪塔や宝篋印塔などの種類別、成立年代順の東国石塔一覧を付載する。

Ｂ５判・函入・八四六頁

元箱根二十五菩薩磨崖仏

戦国期北部九州の城郭構造

岡寺　良著　B5判・二六〇頁／一一〇〇〇円

中小武士勢力が割拠していた戦国期の北部九州。秋月氏などの城館の縄張り調査、古絵図・地籍図の分析から実態に迫る。織豊系城郭の築城技術による構造上の変化を考察し、北部九州の社会構造、政治体制の解明にも挑む。

近世の地域行財政と明治維新

今村直樹著　〈僅少〉A5判・三九四頁／一一〇〇〇円

近世の地域社会統治のため、名主や庄屋の上位に置かれた大庄屋。その一つ、熊本藩の手永・惣庄屋制の行財政機能を詳細に検討。領主制と地域社会の展開を追い、明治維新という社会変革後の地方制度への影響を解明する。

近世社会と壱人両名 身分・支配・秩序の特質と構造

尾脇秀和著　A5判・四九六頁／一二〇〇〇円

近世日本において一人の人物が異なる二つの名前と身分を同時に保持し使い分けた「壱人両名《いちにんりょうめい》」。身分の移動や兼帯はなぜ生じたのか。成立から終焉まで、多様な事例を分析。近世社会の建前と実態、本質に迫る。

富士山噴火の考古学 火山と人類の共生史

富士山考古学研究会編

世界文化遺産の富士山は、古来、噴火を繰り返し、生活に大きな影響を与えてきた。富士山考古学研究会が、山梨・静岡・神奈川の縄文～近世のテフラ(火山灰)が堆積した噴火罹災遺跡を考古学で詳細に検証し共生を探る。

A5判・三五二頁／四五〇〇円

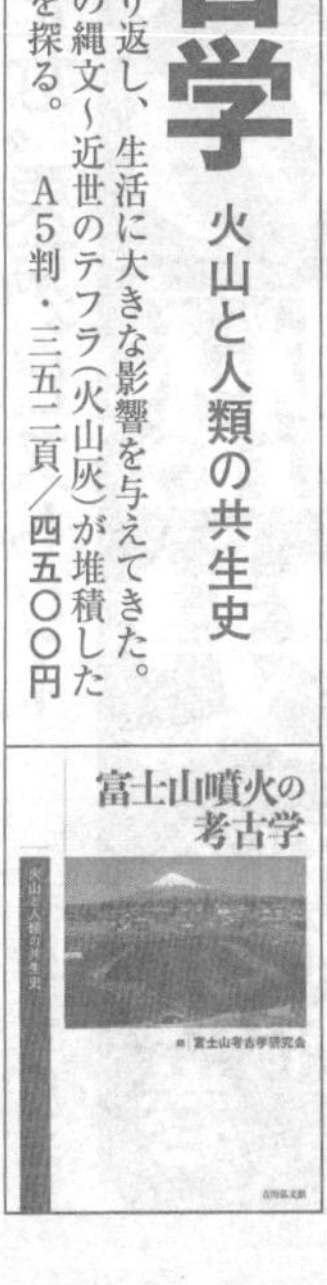

仁和寺史料 古文書編二

奈良文化財研究所編　A5判／一二〇〇〇円　三六二頁 口絵八頁

浅草寺日記 第40巻（明治四年～明治五年）

浅草寺史料編纂所・浅草寺日並記研究会編　A5判・八一六頁／一一〇〇〇円

日本考古学年報 71（2018年度版）

日本考古学協会編集 ――A4判・二三〇頁／四〇〇〇円

交通史研究 第96号

交通史学会編集 ――A5判・一一〇頁／二五〇〇円

戦国史研究 第80号

戦国史研究会編集 ――A5判・五二頁／六八二円

日本人は、何を、何のために、どのように食べてきたか？

日本の食文化 全6巻

小川直之・関沢まゆみ・藤井弘章・石垣　悟編

食材、調理法、食事の作法や歳事・儀礼など多彩な視点から、これまでの、そしてこれからの日本の〝食〟を考える。『内容案内』送呈

四六判・平均二五六頁／各二七〇〇円

1 食事と作法 小川直之編

人間関係や社会のあり方と密接に結びついた「食」を探る。

2 米と餅 関沢まゆみ編

腹を満たすかて飯とハレの日のご馳走。特別な力をもつ米の食に迫る。

3 麦・雑穀と芋 小川直之編

穀物や芋を混ぜた飯、粉ものへの加工。米だけでない様々な主食を探る。

4 魚と肉 藤井弘章編

沿海と内陸での違い、滋養食や供物。魚食・肉食の千差万別を知る。

5 酒と調味料、保存食 石垣　悟編

乾燥に発酵、保存の知恵が生んだ食。「日本の味」の成り立ちとは。

6 菓子と果物 関沢まゆみ編

味覚を喜ばせる魅力的な嗜好品であった甘味の歴史と文化。

「令和」を迎え「平成」を網羅した十四年ぶりの増補新版！

日本史総合年表 第三版

加藤友康・瀬野精一郎・鳥海　靖・丸山雍成編　一八〇〇〇円

定評ある日本史年表の決定版

旧石器時代から令和改元二〇一九年五月一日に至るまで、政治・経済・社会・文化にわたる四万一〇〇〇項目を収録する。便利な日本史備要と詳細な索引を付した画期的編集。国史大辞典別巻

四六倍判・一二九二頁

事典 日本の年号

小倉慈司著　四六判・四五四頁／二六〇〇円

大化から令和まで、二四八の年号を確かな史料に基づき平易に紹介。年号ごとに在位した天皇、改元理由などを明記し、年号字の典拠やその訓みを解説する。地震史・環境史などの成果も取り込んだ画期的〈年号〉事典。

令和新修 歴代天皇・年号事典

米田雄介編　四六判・四六四頁／一九〇〇円

令和改元に伴い待望の増補新修。神武天皇から今上天皇までを網羅し、略歴・事跡、各天皇の在位中に制定された年号等を収める。皇室典範特例法による退位と即位を巻頭総論に加え、天皇・皇室の関連法令など付録も充実。

研究史、最新の見解、読むべき参考文献など、
どこから、何を勉強すればよいかがわかる！

テーマで学ぶ日本古代史 全2冊

佐藤 信監修・新古代史の会編

A5判／各一九〇〇円

政治・外交編 二三二頁

古代王権の成立と展開、律令制のしくみ、天皇制や貴族の登場、遣唐使など。

社会・史料編 二七〇頁

戸籍や土地制度、宗教や文化、「記紀」をはじめとする古代の史料など。

永青文庫の古文書 光秀・葡萄酒・熊本城

公益財団法人永青文庫・熊本大学永青文庫研究センター編

【永青文庫設立70周年記念出版】 四六判／一八〇〇円

熊本藩細川家に伝わる六万点近くの歴史資料。幽斎・明智光秀・ガラシャをめぐる人間模様、忠利の所望した国産葡萄酒、江戸初期の震災と熊本城の修復、歴代当主の甲冑のゆくえなどを取り上げ、細川家の歴史の深奥に迫る。 二四四頁

好評重版

日本仏像事典

真鍋俊照編 四六判・四四〇頁・原色口絵八頁／二五〇〇円

仏像の多種多様な姿をわかりやすく解説した〈仏像事典〉の決定版。如来・菩薩・明王などの種類別に百尊を収録、各部の名称やポーズをイラストで解説する。仏の様々な信仰についても詳説。仏像鑑賞に必携のハンドブック。

鎌倉将軍・執権・連署列伝

日本史史料研究会監修・細川重男編 A5判／二五〇〇円

鎌倉幕府政治の中心にあった将軍、そしてその補佐・後見役であった執権・連署、三五人の人物に焦点を絞り、それぞれの立場での行動や事績を解説する。巻末には詳細な経歴表を付し、履歴を具体的に示す。 二七二頁

戦国期細川権力の研究

馬部隆弘著 A5判・八〇八頁／二〇〇〇〇円

細川京兆家の分裂・抗争は、結果としてその配下たちの成長をもたらす。柳本賢治、木沢長政、そして三好長慶が、なぜ次から次に台頭したのか。発給文書を徹底的に編年化し、細川から三好への権力の質的変容を論じる。

伊達騒動と原田甲斐（読みなおす日本史）

小林清治著 四六判・一九八頁／二二〇〇円

江戸の三大お家騒動「伊達騒動」。事件を脚色した歌舞伎「伽羅先代萩」では悪役の仙台藩重臣原田甲斐だが、山本周五郎の小説『樅ノ木は残った』では忠臣とされた。真相はどうだったか。史料を丹念に読み解き史実に迫る。

●近刊

※書名は仮題のものもあります。

日本仏教はじまりの寺 元興寺 一三〇〇年の歴史を語る
元興寺・元興寺文化財研究所編
A5判／二二〇〇円

図説 元興寺の歴史と文化財 一三〇〇年の法灯と信仰
元興寺・元興寺文化財研究所編
B5判／二六〇〇円

検証 奈良の古代仏教遺跡 飛鳥・白鳳寺院の造営と氏族
小笠原好彦著
A5判／二二〇〇円

光明皇后御傳 改訂増補版
宗教法人光明宗 法華寺編
A5判／六〇〇〇円

現代語訳 小右記 ⑪右大臣就任
倉本一宏編
四六判／三〇〇〇円

仏都鎌倉の一五〇年（歴史文化ライブラリー510）
今井雅晴著
四六判／一七〇〇円

鳴動する中世 怪音と地鳴りの日本史（読みなおす日本史）
笹本正治著
四六判／二二〇〇円

中世醍醐寺の仏法と院家
永村 眞著
A5判／九〇〇〇円

みちのく歴史講座 古文書が語る東北の江戸時代
荒武賢一朗・野本禎司・藤方博之編
A5判／二二〇〇円

ものがたる近世琉球 喫煙・園芸・豚飼育の考古学（歴史文化ライブラリー512）
石井龍太著
四六判／価格は未定

昭和陸軍と政治 「統帥権」というジレンマ（歴史文化ライブラリー513）
高杉洋平著
四六判／価格は未定

戦後文学のみた〈高度成長〉（歴史文化ライブラリー511）
伊藤正直著
四六判／一七〇〇円

日本史「今日は何の日」事典
吉川弘文館編集部編
A5判／価格は未定

歴史手帳 2021年版
吉川弘文館編集部編
A6判／一一〇〇円

大好評のロングセラー発売中！

日本史年表・地図
児玉幸多編
B5判・一三八頁／一三〇〇円

世界史年表・地図
亀井高孝・三上次男・林 健太郎・堀米庸三編
B5判 二〇六頁 一四〇〇円

学校教育に戦争孤児たちの歴史を！　戦争の本質を学び平和学習・人権教育にいかす

戦争孤児たちの戦後史 全3巻

浅井春夫・川満　彰・平井美津子・本庄　豊・水野喜代志編

各二二〇〇円　『内容案内』送呈

戦後七五年を迎え、これまで未解明であった戦争孤児の全体像を明らかにする。新たな資史料の探索や、残された時間の少ない体験者たちの証言も収録。全国各地の孤児の実態、国の対応と姿勢、施設での暮らしを追究する。路上生活・差別・トラウマなど、戦争孤児たちが歩まざるをえなかった過酷な戦後の現実を掘り起こし、戦争の悲惨さを考察する。

A5判・平均二五四頁

発売中の2冊

1 総論編

浅井春夫・川満　彰編　二六四頁〈2刷〉

戦争孤児の実態を数値や制度上で把握するだけではなく、一人の生の記録として着目。孤児になる経緯・ジェンダーなどの視角を重視し、現代的観点から孤児問題を考える姿勢を提示する。聴き取り調査の手法や年表も掲載する。

2 西日本編

平井美津子・本庄　豊編　二三二頁

戦後、西日本に暮らしていた孤児に着目。孤児救済に尽力した施設や原爆孤児たちのための精神養子運動などの取り組み、大阪大空襲や引揚、沖縄戦における実態を詳述。孤児出身者の原爆体験や路上生活などの証言も紹介する。

〈続刊〉

3 東日本・満洲編

浅井春夫・水野喜代志編

して阿弥陀堂《あみだどう》があったらしく、神護景雲《じんごけいうん》元年（七六七）の「阿弥陀悔過料資財帳《あみだけかりょうしざいちょう》」（『大日本古文書』五―六七二）に記される阿弥陀堂がこれにあたるとする説がある（山本栄吾「福寿寺考」『芸林』七―一・二、一九五六年）。

また『東大寺要録』によると、天地院《てんちいん》は和銅《わどう》年間に行基《ぎょうき》によって建立されたといい、これも創建以前の寺院の一つに数えられる。これら金鐘寺・福寿寺・天地院などの寺院は東大寺上院《じょういん》地区やさらに東の山中に奈良時代前半から存在したもので、大仏建立を契機にこうした複数の寺院を包括し、諸国の総国分寺として平城京《へいじょうきょう》に近い平地に大伽藍《がらん》を新たに建立して成立したのが東大寺である。吉川真司氏はこれらを〈山の東大寺〉〈野の東大寺〉と表現した。

「東大寺山堺四至図」

正倉院《しょうそういん》宝物のなかに「東大寺山堺四至図《とうだいじさんかいししず》」と呼ばれる絵図がある。この絵図は麻布三枚を縫い合わせたもので、縦二九九《センチ》（一丈）、横二二三《センチ》の画面全体に朱線（南北方向に一五本、東西方向に二一本）で方眼を設定し、そこに東大寺の伽藍堂塔と周辺の寺領などを描いている。山・川・道路・建物・築地塀《ついじべい》などには彩色を施す写実的な絵図である。

図の東南隅には「東大寺図」「天平勝宝《てんぴょうしょうほう》八歳六月九日」「此図定山堺、但三笠山《みかさやま》不入此

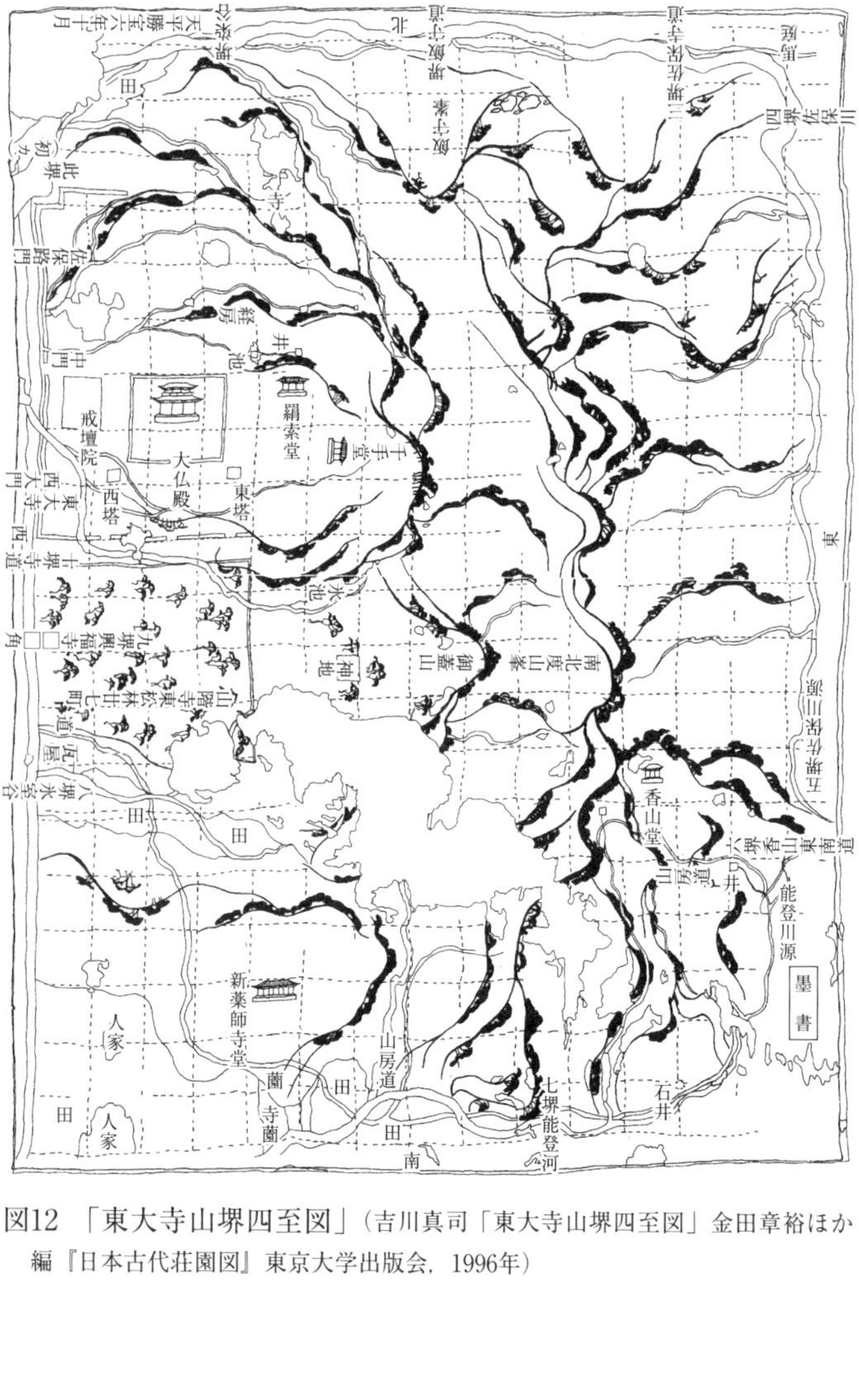

図12 「東大寺山堺四至図」(吉川真司「東大寺山堺四至図」金田章裕ほか編『日本古代荘園図』東京大学出版会，1996年)

堺」と墨書され、大僧都良弁《だいそうずろうべん》・左少弁《さしようべん》従五位下小野朝臣田守《おののあそんたもり》・治部大輔《じぶたいふ》正五位下市原王《いちはらおう》・造寺司《ぞうじし》長官正五位上佐伯宿禰今毛人《さえきのすくねいまえみし》・大倭国介従五位下播美朝臣奥人《はみのおきひと》の五人の署名があり、「東大寺印」八顆が捺される。絵図は寺域の周囲に一一ヵ所の堺が記入されており、聖武太上天皇の没後すぐに寺域を確定するために製作されたものであることがわかる。

この図については、岸俊男氏が詳細な原本調査をし、東大寺印蔵《いんぞう》から正倉院宝物に混入したのちに正倉院宝庫修理に伴って大湯屋《おおゆや》へ移され、さらに八幡宮宝蔵《はちまんぐうほうぞう》を経て東南院《とうなんいん》宝庫へ移ったものが皇室に献上されたという伝来過程を解明したうえで、材質や界線、墨書の内容を検討して、「墨書に示すごとく「天平勝宝八歳六月九日」に、東大寺・太政官・治部省・造東大寺司・大倭国の関係者が立会って、東大寺の寺地境界を定め、その証拠としてこの東大寺図を作成した」と評価した（『日本古代文物の研究』塙書房、一九八八年）。ただし、東南隅墨書のうち「東大寺図」「天平勝宝八歳六月九日」以外はのちの追筆であるらしい。

また、岸俊男氏は、当時東大寺の正門が南大門ではなく西大門であったことや、平城京の条坊《じようぼう》との関連についても注目した。その後、吉川真司氏によって「東大寺山堺四至図」に描かれた堂舎や井戸などの施設、山や谷などの自然地形について詳細な現地比定がおこなわれた（「東大寺山堺四至図」金田章裕ほか編『日本古代荘園図』東京大学出版会、一九九六年）。

「東大寺山堺四至図」の製作年代は大仏開眼後間もない天平勝宝八歳（七五六）で、創建期の東大寺の様相を実によく伝えるものである。創建期の東大寺を描写した絵図としては唯一なので、当時の伽藍を復元的に考える際はこの絵図が基準となるだろう。「東大寺山堺四至図」には、大仏殿や羂索堂《けんさくどう》（法華堂《ほっけどう》）など今なお遺っている建物はもちろん、千手堂《せんじゅどう》や経房《きょうぼう》、香山堂《こうぜんどう》、瓦屋などすでに失われて現在では知ることのできない施設も表示されている。大仏殿は屋根が寄棟造《よせむねづく》りで描かれ、創建時も現在と似た形式の屋根であったことがわかるなど、建物の詳細についても若干ではあるが知ることができる。一方で、当時存在していたにもかかわらず描かれていない建物もあり、絵図にないことを根拠に造営されていなかったとすることはできないなど、配慮が必要な部分もある。

なお、奈良時代の絵図ではないが「東大寺寺中寺外惣絵図《じちゅうじげそうえず》并《あわせて》山林《さんりん》」（東大寺所蔵）という一七世紀の絵図がある。東大寺周辺は寛永《かんえい》十九年（一六四二）に大火に遭い、東大寺も多くの堂舎が焼失した。この絵図は被災直後の境内の様子を描いたもので、失われた建物も礎石《そせき》の配列などを忠実に描いており、こちらも建物の規模や配置を復元するための貴重なる手がかりとなる。

『東大寺要録』

東大寺に関わる伝記や記録を集成したものが嘉承《かしょう》元年（一一〇六）に撰述された『東大寺要録』である。現在知られるものは、仁治《にんじ》三年（一二四二）に寛乗《かんじょう》が書写した二巻と、長承《ちょうしょう》三年（一一三四）に東大寺僧観厳《かんげん》が増補・再編集したものを文明《ぶんめい》十七年（一四八五）に僧順円《じゅんえん》が書写した一〇冊である。その内容は、本願章・縁起章・供養章・諸院章・諸会章・諸宗章・別当章・封庄章・末寺章・雑事章からなる。東大寺創建に関わる人々の伝記・開眼供養会をはじめとする法要の記録・寺内諸院の記録・年中行事・封戸水田・末寺など多岐にわたり史料を収録した東大寺史研究に必要不可欠な史料である。『東大寺要録』を翻刻したものに筒井英俊校訂『東大寺要録』（国書刊行会、一九七一年）があり、写真版は東大寺史研究所編『東大寺要録一―東大寺叢書一』『東大寺要録二―東大寺叢書二』（法蔵館、二〇一八年〜）が刊行されている。

このうち特に創建時の伽藍を考えるうえで重要なのが巻第四の諸院章である。東大寺に所在する堂宇について、建物の規模、縁起、安置される仏像・経典などを詳細に記したもので、項目部分のみを記載順に列記すると次のようになる（傍線部は奈良時代に存在したとみられるもの）。

羂索院　名金鐘寺。又改号金光明寺。亦云禅院。／二月堂《にがつどう》／北阿弥陀堂　在厨子《ずし》二基綾槻。／南薬師堂《やくしどう》　大風倒。／南阿弥陀堂／吉祥堂／鐘堂／三昧堂《さんまいどう》／羂索院（※羂索堂の他に二月堂、蔵なども含む）／千手堂　銀堂。／戒壇院《かいだんいん》／講堂《こうどう》　在三面僧房。／東塔院／西塔院　高廿三丈六尺七寸。／東西小塔院／東南院／念仏院　在南院門東脇。今云新院是也。／正法院／南院　亦名真言院。／西南院／天地院　号法蓮寺。／唐禅院《とうぜんいん》／辛国堂《からくにどう》　在気比《けひ》明神《みょうじん》巽角。／阿弥陀院　流記在印蔵。水田六十町。／蓮台院《れんだいいん》　或記云天地院号蓮台院云々。／上如法院／下如法院／食堂《じきどう》／僧正堂《そうじょうどう》　根本《こんぽん》僧正御影堂《みえいどう》。／紫摩金院《しまこんいん》／上院　営仏聖僧供等所。／大炊殿《おおいどの》／羹所《あつものどころ》／間備所／碓殿《うすどの》／北厨《みくりや》／南厨／細殿《ほそどの》／北酒殿《さかどの》／油殿《あぶらどの》／大庁／印蔵／正倉院／薗院／温室院／東洞院／厩院《うまやいん》／悲田院《ひでんいん》／安楽院　但本消之。／慈恩院《じおんいん》　同前。／西院／造司　寺家修理所。／尊勝院《そんしょういん》／知足院《ちそくいん》／般若院《はんにゃいん》

ただしこれらの施設は『東大寺要録』が成立した一二世紀はじめ頃の状況を反映したものであり、列挙された全部が創建時に存在したわけではない。大仏殿（金堂《こんどう》）は掲出されていないが、講堂・東西塔・食堂・戒壇院などの主要伽藍がみえているので問題ない。東南院（貞観《じょうがん》十七年〈八六九〉に聖宝《しょうぼう》が創設）・念仏院（天慶《てんぎょう》元年〈九三八〉に明珍《みょうちん》が創建）・南院（真言院。空海《くうかい》が弘仁《こうにん》十三年〈八二二〉に創建）・西南院・尊勝院（天暦《てんりゃく》元年〈九四七〉

に光智《こうち》が創建）・知足院（寛平《かんぴょう》二年〈八九〇〉に創建）などは、いずれも平安時代に入って創建されたものである。

奈良時代に存在した堂舎のうち阿弥陀堂・薬師堂は、延喜《えんぎ》二十年（九二〇）に雑物《ぞうもつ》を羂索院双倉《ならびぐら》へ納めていることから、これらは上院地区の羂索堂（法華堂）付近に所在した可能性がある。吉祥堂も天暦八年（九五四）に焼失したのちに吉祥悔過（『金光明最勝王《こんこうみょうさいしょうおう》経《きょう》』に基づく）を羂索院に移しているので、阿弥陀堂・薬師堂と同様に上院地区にあった可能性がある。長らく法華堂に安置され、修復を受けて現在は東大寺ミュージアムにある吉祥天立像・弁財天立像《べんざいてんりつぞう》の塑像《そぞう》は、当初は吉祥堂の本尊であったと考えられる。こうして『東大寺要録』から上院地区には多くの堂舎が存在し、千手観音・不空羂索観音《ふくうけんさくかんのん》・十一面観音・阿弥陀如来・吉祥天など多様な仏像によって構成されていたことがわかる。大仏殿周辺とは異なる性格を持つ地区であったとみてよい。

造東大寺司

造東大寺司の活動

奈良時代の東大寺には、僧侶によって構成される寺を統括する「三《さん》綱《ごう》」とは別に、俗人である官人によって構成される「造東大寺司」という役所が東大寺内での造営活動や伽藍の維持管理をおこなっていた。造東大寺司の初代長官は市原王、続いて佐伯宿禰今毛人が任ぜられた。大仏建立の功労者である大仏師国《くに》中《なかのきみまろ》君麻呂ものちに造東大寺司次官になっている。

造東大寺司は令外官《りょうげのかん》（律令に規定のない役所）で、長官・次官・判官《はんがん》・主典《すてん》によって構成され、造東大寺司全体を統括する政所《まんどころ》の下には、造仏司・鋳所・木工所・造瓦所・写経所などの工作所、これらを支える大炊厨所《おおいくりや》・西薗《にしその》、出先機関として造石山寺所《ぞういしやまでらしょ》（滋賀県石山寺を造営)・造香山薬師寺所《ぞうこうざんやくしじしょ》(奈良市新薬師寺を造営)・造上山寺菩薩所《ぞうかみやまでらぼさつしょ》、材料供給部門として諸処に出作所《でづくりしょ》や木屋所《きやしょ》があった。「正倉院文書」六六七巻五冊はこのような組織で使用された公文書が偶然に残されたものである。

「正倉院文書」のうち大多数を占めるのが写経所関係の文書である。東大寺の写経所は、光明《こうみょう》皇后がおこなった『一切経《いっさいきょう》』(五月一日経)書写のために組織された写経所が発展したもので、ここで働く写経生は経師《きょうし》(経典を書写する)・校生《こうせい》(書写された経典の校正をする)・装潢《そうこう》(書写された経典を巻物に仕立てる)に分かれ写経事業をおこなった。「東大寺山堺四至図」には大仏殿北東の山麓(食堂跡から二月堂へ向かう参道の北側付近)に「経房」と記されているので、この辺りで写経事業が営まれていたのであろう。

造東大寺司長官 佐伯宿禰今毛人

東大寺の造営を指揮した最重要人物が、先にも紹介した佐伯今毛人である。今毛人は右衛士督《うえじのかみ》佐伯人足《ひとたり》の子で、天平十六年(七四四)から大仏造立に参加し、聖武天皇の評価を受けて造寺司の任に就いた。天平十八年十一月一日に大養徳国少掾《やまとのくにしょうじょう》だったことが知られている(『大日本古文書』九―五一五)。天平十九年七月には造東大寺司次官としてはじめて史料にみえるが(『大日本古文書』一〇―三七六)、当時長官は任命されていないので造営現場を実質的に統括していたのは佐伯今毛人であったとしてよい。『続日本紀《しょくにほんぎ》』延暦《えんりゃく》九年（七九〇）十月三日の記事には丁寧な薨伝《こうでん》（死亡記事）が載せられている。

> 散位《さんい》正三位佐伯宿禰今毛人薨《こう》す。右衛士督従五位下人足の子なり。天平十六年、聖武皇帝、願を発したまひて始めて東大寺を建て、百姓を徴発して、方に営作を事とす。今毛人、為《ため》に催検《さいけん》を領《と》りて、頗《すこぶ》る方便を以て役民を勧め使ふ。聖武皇帝、其の幹勇《かんゆう》を録して殊に任《ま》け使ひたまふ。勝宝の初め、大和介《やまとのすけ》に除せられ、俄《にわか》に従五位下を授けらる。累《しきり》に遷されて、宝字《ほうじ》中に従四位下摂津大夫《せっつのだいぶ》に至る。播磨守《はりまのかみ》・大宰大弐《だざいのだいに》・左《さ》大弁《だいべん》・皇后宮大夫を歴て、延暦の初めに従三位を授けらる。尋《つ》ぎて参議を拝し、正三位を加へられ、民部卿《みんぶきょう》に遷さる。皇后宮大夫故の如し。五年に出でて大宰帥《だざいのそつ》と為り、居ること三年。年七十に及び、上表し骸骨を乞ふ。詔してこれを許す。薨する時年七十二。

大仏建立の過程で関係者がたびたび位を授かったことが『続日本紀』にみえ、佐伯今毛人も天平勝宝元年（七四九）十二月に従五位下、天平勝宝二年十二月に正五位上と昇進している。天平勝宝七歳には造東大寺司になっていることが確認できる（『大日本古文書』一三―一四）。

東大寺の造営が着々と進展するなか、天平勝宝八歳五月二日に聖武太上天皇が崩御した。『続日本紀』の記すところによりその後の今毛人の動向をみてみよう。

翌日の五月三日、三関《さんげん》（不破《ふわ》・鈴鹿《すずか》・愛発《あらち》）を封鎖するとともに葬儀の担当が決定された。佐伯今毛人は多治比真人広足《たじひのまひとひろたり》・百済王敬福《くだらのこきしきょうふく》・塩焼王《しおやきおう》・山背王《やましろおう》・大伴古麻呂《おおとものこまろ》・高麗福信《こまのふくしん》・小野田守《おののたもり》・大伴伯麻呂《おじまろ》らとともに聖武陵を造営する山作司《さんさくし》に任命された。建設事業の管理能力を期待されたものか否かはわからない。さらに天平宝字四年（七六〇）六月七日に皇太后が崩じると、池田親王《いけだ》・山部王《やまべのおう》（桓武《かんむ》天皇）・文室智努《ふんやのちぬ》（智努王）・氷上塩焼《ひがみのしおやき》（塩焼王）・市原王・坂上犬養《さかのうえのいぬかい》・岡真人和気《おかのまひとわけ》（和気王）らとともに再び山作司に任命された。佐伯今毛人はこの時、従四位下となっていた。

天平宝字七年正月九日、佐伯今毛人は再び造東大寺長官に任命されたが、三ヵ月ほどで市原王と交代している。そして今毛人は営城監《えいじょうげん》として九州の山城造営を監督することとなり東大寺を離れた。神護景雲元年（七六七）二月には造西大寺《さいだいじ》長官となっていることから、今毛人は寺院造営に長けていたことを改めて認識できる。しかのみならず官僚としても優秀であった。宝亀《ほうき》六年（七七五）六月に「正四位下佐伯宿禰今毛人を以て遣唐大使とす」とあり、遣唐使のトップに任命されている。

ただし今毛人は宝亀七年四月にいったん肥前国《ひぜんのくに》松浦郡《まつらぐん》（現長崎県南松浦郡）まで赴いたものの、十一月に遣唐副使・判官を大宰府に残したまま都に戻ってしまい節刀《せっとう》を返上した。翌年宝亀八年四月に再び節刀を授けられたものの平城京羅城門《らじょうもん》を出発するところで病気を理由に辞退したが、なおも輿《こし》に乗せられて難波《なにわ》まで運ばれた。しかし結局今毛人が唐へ向かうことはなかった。この時五八歳の今毛人には、任が重すぎたのかもしれない。

その後、延暦三年（七八四）十二月二日に参議に任命され、ようやく議政官入りを果たした。民部卿・皇后宮大夫・大宰帥を歴任して延暦八年正月、佐伯今毛人は致仕《ちし》を上表し、詔により許された。その翌年の十月三日、今毛人はその生涯を閉じた。

「正倉院文書」

「正倉院文書」には写経に関係する事務文書のほかに、戸籍・計帳・正税帳《しょうぜいちょう》など律令行政機構の運営に関する文書も多く含まれている。これらは、反故となった公文書の紙の裏側を写経所で再利用するために集められたものである。天保《てんぽう》四〜七年（一八三三〜三六）に正倉院宝庫が修理された時、正倉院中倉に残されていたこれらの公文書を整理したのが国学者の穂井田忠友《ほいだただとも》である。忠友は戸籍・計帳などの公文書や有印文書、著名人の筆跡などを抜き出して正集四五巻に整理した。これにより奈良時代の律令公文書が整理されたが、一方で紙背の写経所文書は分断され、本来の状況が失われてしまっている。それゆえに現代の歴史学者が写経所関係の文書を研究する場合、バラバラにされた文書断簡の接続を検討することから始めなければならない。

写経所文書の内容は非常にバラエティーに富んでいる。光明皇后が母三千代《みちよ》の冥福を祈って天平五年に発願した興福寺《こうふくじ》西金堂の造営関係文書（皇后宮職付属写経所の頃のもの）、天平宝字四年の法華寺《ほっけじ》金堂造営関係文書、天平宝字五～六年の石山寺造営関係文書など造寺に関係する史料などがあり、後二者は写経所の事業としておこなわれている。写経に関連する文書としては、写経の底本となる経巻の借貸に関する文書、写経の作業報告書、勤務時間報告、写経用品の請求・支給に関する文書、予算案、欠勤届、借金証文、校正記録、経巻目録など非常に多種多様の文書がある（杉本一樹『日本古代文書の研究』吉川弘文館、二〇〇一年）。「正倉院文書」によって奈良時代の東大寺での写経所や様々な組織の活動が具体的にわかるのである。

なお「正倉院文書」は『大日本古文書』二五冊として活字化されているほか、東京大学史料編纂所のホームページで検索できるようになっている。

造瓦所　造東大寺司は写経事業だけでなく東大寺の造営や維持・管理にもあたっていたので、「正倉院文書」には東大寺の造仏や伽藍に関係する文書も多数あり、造営に関わる種々の業務に従事した組織がみえる。造東大寺司に付属する様々な役所のうち、造瓦所は東大寺で使用する瓦を生産する役所である。造瓦所は事務官と瓦工・次丁から構成される。

「正倉院文書」には、この造瓦所から天平宝字三年六月に提出された食料請求の文書「造瓦所解」がある（『大日本古文書』四―三七二）。この文書には坂本上万呂《さかもとのかみまろ》・物部乙万《もののべのおとま》呂《ろ》・額田部《ぬかたべ》乙万呂・粟田《あわた》乙万呂・大伴葦人《あしひと》・桑原人足《くわはらのひとたり》など一〇名の東大寺瓦工の名が記されている。彼らが東大寺の瓦を製作したのである。なお、天平宝字七年に「酒を飲みて言語時の忌諱に渉る」として隠岐《おき》へ島流しにされた葛井連根道《ふじいのむらじねみち》は造東大寺司に勤務した人物で、天平宝字六年に造瓦所別当《べっとう》に任命されている。

東大寺の瓦を焼成した瓦窯として明らかになっているものが奈良市高畑町《たかばたけちょう》（興福寺から奈良公園浮見堂《うきみどう》へ向かう途中の南斜面）にある荒池《あらいけ》瓦窯である。「東大寺山堺四至図」の八堺あたりに描かれる「瓦屋」がこれに該当する。荒池瓦窯はその存在が早くから知られ、『造興福寺記』永承《えいしょう》二年（一〇四七）には造興福寺司長官の藤原資仲《ふじわらのすけなか》が古老の伝承を聞いて瓦窯五基を発掘し、修復をして瓦の焼成に利用したという。昭和《しょうわ》三年（一九二八）の荒池北岸道路建設に際しても多量の瓦（興福寺式・東大寺式など）が出土している。平成二十三年（二〇一一）の発掘調査では灰原（窯から掻き出された灰や失敗作などが堆積したもの）が発見され、軒丸瓦《のきまるがわら》・軒平瓦《のきひらがわら》・丸瓦・平瓦・鬼瓦・面戸瓦《めんどがわら》・熨斗瓦《のしがわら》・塼《せん》（瓦製のブロック）などが多量に出土した（奈良県立橿原考古学研究所『奈良県遺跡調査概報』二〇一一年度第一分冊、二〇一二年）。操業時期は八世紀前半〜中頃と考えられ、鬼瓦は東大寺講堂跡や西塔跡から出土したものと同笵《どうはん》（同じ木型を使用した瓦のこと）である。

この瓦窯でつくられた瓦は正倉院にも葺かれていることが瓦製作の特徴から判明している（岩永省三「正倉院正倉の奈良時代平瓦をめぐる諸問題」『正倉院紀要』第三八号、二〇一六年）。荒池瓦窯産の軒瓦はすべて興福寺式であるものの大仏殿周辺からも出土するので、荒池瓦窯の製品が東大寺に供給されたことがわかる。ただし操業開始時期は東大寺創建より古く、興福寺所属の瓦窯であった可能性が高いとみられている。興福寺の瓦窯として始まり、東大寺創建期から造東大寺司が廃止されるまでは東大寺の瓦窯であった。

東大寺式軒瓦

造瓦所が製作した瓦が東大寺式軒瓦である。東大寺式軒瓦は、軒丸瓦は内区に複弁八葉蓮華文《ふくべんはちようれんげもん》を配し、外区には珠文《しゅもん》をめぐらし、その内外に界線がある。外区外縁の鋸歯文《きょしもん》を廃したシンプルで力強いデザインが特徴である。軒平瓦は、中心飾りは三葉形の左右両側を上向きの唐草が囲み、その上に「対葉花文《たいようかもん》」が配置される

図13　東大寺式軒瓦拓本（奈良国立文化財研究所『平城京・藤原京出土軒瓦型式一覧』1996年）

特徴がある。この対葉花文のデザインは不《ふ》空羂索観音像蓮弁《くうけんさくかんのんぞうれんべん》や執金剛神立像《しつこんごうしんりつぞう》彩色など羂索堂（法華堂）諸尊のデザインに多くとり入れられ、金堂鎮壇具《ちんだんぐ》の蝉形鏁子台座《せみがたさすだいざ》にもみられる。中心飾りの左右両側は唐草が三回反転するデザインで、軒丸瓦と同様に外区を珠文が囲んでいる。

瓦研究の世界では、東大寺式軒丸瓦には「六二三五型式」、東大寺式軒平瓦には「六七三二型式」という型式番号がつけられているが、長期に多種の軒瓦が製作されていて、文様の微妙な違いにより六二三五A～K・O～Q、六七三二A・C～O・Q～S・U～X・Zに細分化している（山崎信二「東大寺式軒瓦について」GBS実行委員会編『論集　東大寺の歴史と教学』東大寺、二〇〇三年）。また、東大寺境内から出土する軒瓦には東大寺式でないものも少なくない。天平勝宝八歳八月には興福寺三綱務所に対して瓦三万枚を発注している（『大日本古文書』四―一八〇）。

造東大寺司　牒興福寺三綱務所
応造瓦参万枚
男瓦《おがわら》玖仟枚　　女瓦《めがわら》壱万捌仟枚
堤瓦《つつみがわら》弐仟肆伯枚　鐙瓦《あぶみがわら》参伯枚
宇瓦《のきがわら》参伯枚「不要」
右、限十一月十五日以前、可用件瓦、然司造物繁忙、不堪造瓦、乞察此
趣、彼所令造、期内欲得、其所用人功幷食料、依数将報、今以状牒、々至
早速処分、以牒

天平勝宝八歳八月十四日　主典正七位上葛井連根道
長官正五位上兼下総員外介《しもうさいんがいのすけ》佐伯宿禰今毛人　判官正六位上兼下野員外掾《しもつけいんがいのじよう》上毛野君真人《かみつけぬのきみまひと》
大僧都良弁

このほかにも同じ年の十一月に太政官を通じて東大寺から摂津職《せっつしき》に瓦二万枚を発注し、四天王寺《してんのうじ》が一万四〇〇〇枚、梶原寺《かじわらでら》が六〇〇〇枚を納めることになっていた（『大日本古文書』四―二二四）。この文書によれば、翌年三月十六日までに四天王寺は一万三三〇六枚、梶原寺は五三六〇枚を納めており、残りの瓦も一〇日以内に納めることを報告している。

境内からは大安寺《だいあんじ》式軒瓦も多く出土しており、大和や周辺の寺院に瓦の大量発注をしていた。一度に大量の瓦を必要としたのは、天平勝宝八歳六月に孝謙《こうけん》天皇が「勅したまはく、明年の国忌《こき》の御斎を東大寺に設くべし。其の大仏殿歩廊は、六道《ろくどう》の諸国をして営造し、必ず忌日《きにち》に会はしむべし。怠緩すべからず」という勅をだして聖武太上天皇一周忌の法要までに大仏殿廻廊などを完成させるよう催促したからである（森郁夫『東大寺の瓦工』臨川書店、一九九四年）。

天平の大伽藍を掘る1

平地の東大寺

東大寺境内ではこれまで二一〇件以上の発掘調査がおこなわれている。その大半は建造物改修や防災施設工事などの開発に伴う調査で、学術的な目的での調査はあまり多くはなかった。境内の調査は主に奈良県立橿原《かしはら》考古学研究所が実施し、近年では東大寺・奈良文化財研究所・橿原考古学研究所によって構成される史跡東大寺旧境内発掘調査団による調査が始まっている。これは東大寺が策定した「東大寺境内整備基本構想」に基づいて平成二十七年（二〇一五）から境内の積極的な発掘調査に着手したもので、第一期として東塔院の発掘調査を実施している。また、これまでにおこなわれた境内各所の発掘調査で、東大寺の創建期や復興期の遺構が多くみつかっており、これらを根拠とする創建期伽藍《がらん》の復元も可能となってきた。以下、伽藍の地区ごとにその成果を紹介する。

東大寺の諸門

描かれた門

「東大寺山界四至図《とうだいじさんかいししず》」には東大寺の主要伽藍を囲む築地塀《ついじべい》の切れ目として門が表現されている。それは大仏殿・東塔・西塔の正面、平城京《へいじょうきょう》一条南大路・二条条間路・二条大路にあたる部分である。西側の諸門には北から順に「佐保路門《さほじもん》」「中門《ちゅうもん》」「西大門」と名称が注記されている。佐保路門は今も残る転害門《てがいもん》のことであり、中門（焼門《やけもん》）・西大門（国分門《こくぶもん》）は残っていない。

私たちが東大寺を訪れる場合、奈良県庁前を東に向かい、氷室《ひむろ》神社と奈良国立博物館の間を通って、北へ曲がって東大寺南大門をくぐるコースが一般的である。しかし「東大寺山界四至図」に描かれた諸門は平城京に向いて西面して建てられている。これは、奈良県

図14　東大寺西大門勅額（東大寺所蔵）

庁東側を南北に通る道路（旧国道二四号線、京街道《きょうかいどう》）が奈良時代の平城京外京東端（東京極）であり、平城京と東大寺の接点としてこれらの門が重視されたからである。

西大門　奈良時代の東大寺の正門は南大門ではなく西大門であった。「東大寺山堺四至図」には大きく「東大寺西大門」と墨書されることからもそれがわかる。平城宮《へいじょうきゅう》朱雀門《すざくもん》に面する平城京の東西方向のメインストリートである二条大路を東に直進すると、この門に到達する。聖武《しょうむ》天皇が平城宮から東大寺へ行幸する時にはこのルートが使用され、西大門から東大寺境内に入った。それゆえに東大寺の正門として西大門が図で強調されたのである。

西大門に掲げられていた奈良時代の額は東大寺に現存し、東大寺ミュージアムでみることができる。この額は「金光明四天王護国之寺《こんこうみょうしてんのうごこくのてら》」と刻まれ、左右には梵天《ぼんてん》・帝釈《たいしゃく》・四天《してん》王《のう》・金剛《こんごう》・密迹力士《みつしやくりきし》像（いずれも鎌倉時代の後補）が配されている。篇額は縦横とも二・九《メートル》という大型品であることから、創建時の西大門の規模がいかに大きなものであったかが容易に想像できる。

西大門は創建以来長らく存続したものの、天正《てんしょう》十一年（一五八三）に大風で倒壊してしまった。興福寺多門院《こうふくじたもんいん》の僧侶たちによって記された『多聞院日記』の天正十一年三月三十日条では、これまでたびたびの風火の難を遁れてきたにもかかわらず前日夜に東大寺西大門が大風で倒壊してしまったことを嘆いている。また『東大寺諸伽藍略録』にも同日に大風で顚倒したことが記されている。しかし、西大門はその後再建されることはなかった。江戸時代初期の「東大寺寺中寺外惣絵図《じちゅうじげそうえず》 幷 山林《あわせてさんりん》」には礎石《そせき》の配置のみが描かれ、「国分門　東西六間　南北十六間」と注記されている。これによると西大門は東西約一〇・八《メートル》、南北約二八・八《メートル》あったとみられ、現在の南大門と同等の規模だったらしい。残念ながら西大門は発掘調査がおこなわれていないため、基壇《きだん》の規模や柱配置などの構造は不明で、「東大寺西大門趾」の石碑がある場所は正確な門の所在地ではなく、礎石も原位置を保つものではない。

図15　転　害　門

転害門

転害門は「東大寺山堺四至図」では「佐保路門」と記載される。この名称は佐保路（平城京一条南大路）の東端に位置していることにちなんだもので、現在の法華寺《ほっけじ》の前から一条通を東へ進み、聖武天皇陵の南を通過してさらに東へと行くと、この門に到達する。「転害門」の通称は、門を入って東に進んだところに「碾磑亭《てんがいてい》」があることからつけられたといわれる（『七大寺巡礼私記《しちだいじじゅんれいしき》』）。手向山八幡宮《たむけやまはちまんぐう》の祭礼「手掻会《てがいえ》」は転害門を御旅所《おたびしょ》とすることからつけられた名称で、転害門西面中央間の上部には格子天井が設けられ、基壇上には神輿を据えるための台石四つがある。

転害門は東大寺諸門のなかで現存する唯一の奈良時代のもので、正面三間、奥行二間の八脚門形式《はっきゃくもん》、屋根は切妻《きりづま》瓦葺きである。柱間は正面中央が二〇尺、脇間が一八尺あり、これは南大門の柱間と同じである（奥行柱間は一四尺）。転害門は建久《けんきゅう》六年（一一九五）に大改造を受け、組物《くみもの》や架構《かこう》などが変えられている。現在の花崗岩製基壇は鎌倉時代のもので、昭和七年（一九三二）の解体修理に伴う発掘調査では地下で凝灰岩製の石列を検出しており、創建当初は凝灰岩製基壇だったと推定される。ただし創建時の軒の出幅から考えると石列は当初の位置から動いているとみられる（奈良文化財研究所『国宝東大寺転害門調査報告書』二〇〇三年）。

中　門

若草山《わかくさやま》へ登るドライブウェイへ向かう時には、ほとんどの場合この門跡を入って正倉院《しょうそういん》の北側を経由していく。道路脇に門の礎石がこぢんまりと整列しているだけなので気づかずに通っている人も少なくないと思う。門基壇はすでに失われているものの、礎石の配置から正面三間、奥行二間の八脚門であることがわかる。中門は別名を「中御門《なかごもん》」といい、慶長《けいちょう》十一年（一六〇六）に焼失したことから「焼門」とも呼ばれる。「東大寺寺中寺外惣絵図并山林」には「中之門」として小さな門が描かれている。門の部分には「南北八間一尺五寸、東西四間一尺五寸」と注記があり、基壇の規模は転害門と同格であったらしい（山本栄吾「東大寺中御門阯考」『南都仏教』二二、一九六九年）。

蛇足だが、西面諸門から境内へ進入する道路で江戸時代以来今でも変わらないのは焼門を通るものだけで、西大門から入る道は戒壇院《かいだんいん》正面の南北道路以西が完全に消滅しており、転害門から入る道は鼓阪《つざか》小学校（旧東大寺尊勝院《そんしょういん》）から東側が宮内庁の敷地になっていて、道は正倉院南側まで存在するものの立ち入りできない。

南大門

現在の東大寺の正門は南大門で、これは鎌倉時代に天竺様《てんじくよう》の様式で正治《しょうじ》元年（一一九九）に上棟《じょうとう》されたものである。南大門に関する記録は、『東《とう》大寺要録《だいじようろく》』諸院章に東大寺別当律師道義《べっとうりつしどうぎ》が延喜《えんぎ》四年（九〇四）、南大門東脇に東南院薬師《やくし》堂《どう》を建てたことがみえる。また、応和《おうわ》二年（九六二）八月三十日に大風により南大門が倒壊したことが『東大寺要録』別当章にみえる。

南大門周辺は現状では平地になっているが、「東大寺山堺四至図」では小丘陵が描かれており、南大門北側には当時は丘が東西に広がっていたらしい。南大門南側に描かれた谷地形はこの丘陵の南側にあたり、幅一五メートルほどの谷状地形が奈良〜平安時代頃まで存続し、鎌倉時代の南大門再建時に埋め立てられたことが発掘で確認されている（奈良県教育委員会編『東大寺防災施設工事・発掘調査報告書』東大寺、二〇〇〇年）。

南大門は昭和二〜四年の解体修理時に奈良県技師岸熊吉氏によって基壇の発掘調査がおこなわれ、下層から創建期の凝灰岩製壇正《だんじょう》積《づ》み基壇の一部（地覆石《じふくいし》・束石《つかいし》・羽目石《はめいし》）を検出し、南大門東西両側から延びて伽藍を囲む奈良時代の築地塀跡も検出した。築地塀の幅は八尺（約二・四メートル）であった（東大寺南大門修理工事事務所『東大寺南大門史及昭和修理要録』一九三〇年）。奈良時代の南大門の規模や構造については今のところ手がかりがないが、他の建物の例から考えると旧規にのっとって建てられた可能性が高く、上部構造はともかく創建期南大門の平面規模は現在と変わらないと考えられる。現在の南大門は正面五間、奥行二間（東西二八・八メートル、南北一〇・八メートル）で、転害門・中門より左右に各一間ずつ広く、西大門と同規模であったとみられる。

大仏殿院地区

奈良時代の大仏殿

大仏殿は『華厳経《けごんきょう》』の根本となる盧舎那仏《るしゃなぶつ》を安置するための仏堂で、東大寺の中心となる建物である。大仏殿の建立は大仏鋳造作業の終了した天平勝宝《てんぴょうしょうほう》元年（七四九）から開始され、天平勝宝四年の開眼供養時にはほぼ構作を終えている。『東大寺要録』本願章孝謙《こうけん》天皇の項目では「天平勝宝三年大仏殿を建造しおはんぬ」とある。

大仏殿は創建以来、治承《ちしょう》四年（一一八〇）の平重衡《たいらのしげひら》、永禄《えいろく》十年（一五六七）の松永久秀《まつながひさひで》と三好三人衆《みよしさんにんしゅう》の兵火に遭うなどして焼失・再建を繰り返してきた。治承の焼失後は重源上人《ちょうげんしょうにん》によって再興されたが、永禄の兵火で再び焼失、現在の大仏殿は宝永《ほうえい》六年（一七

図16　現在の大仏殿

〇九）に公慶《こうけい》上人により再興されたものである。鎌倉時代再建の大仏殿は創建当初と同規模であったが、江戸時代再建の現在の大仏殿は、再建費用の不足のため創建時よりも建物の幅が左右ともに五〇尺ずつ、全体で一一分の七に減じられている。なお、現在の大仏殿は正面の幅が五七㍍、奥行五〇・五㍍、高さ四六・八㍍である（東大寺大仏殿昭和大修理委員会『国宝東大寺金堂《こんどう》（大仏殿）修理工事報告書』一九八〇年）。

創建期の大仏殿は母屋が桁行七間、梁行三間で廂《ひさし》がつき、さらに周囲に裳階《もこし》がめぐる正面一一間、奥行七間の大型建物であった。『東大寺要録』所収の「大仏殿碑文」に記載される大仏殿は「二重十一間、高十二丈六尺、東西長廾九丈、広十七丈、東西砌長卅二丈七尺、南北砌長廾丈六尺、柱八十四枚、殿戸十六間、天台三千百廿二蓋」とあり、当初の規模を知ることができる。メートル法に換算すると、大仏殿の規模は桁行約八六メートル、梁行約五一メートル、高さ約三七メートルとなる。高さについては、『七大寺日記《しちだいじにっき》』『伊呂波字類抄《いろはじるいしょう》』などの諸史料で異同があり、大光背《こうはい》の高さ（一一丈）から考えると『東大寺要録』記載の一二丈六尺はありえず、一五丈（約四五メートル）の誤りであろう。

信貴山縁起にみえる大仏殿

一二世紀頃に制作された絵巻「信貴山縁起《しぎさんえんぎ》」（朝護孫子寺《ちょうごそんしじ》所蔵）の描写によると、創建時の大仏殿は裳階屋根が正面七間分で一段高く造られ、それに合わせて扉も高く造られ、扉を開くと前庭から大仏の顔を拝することができたようである。奈良時代の大仏殿を描いたものは「東大寺山堺四至図」を除くと「信貴山縁起」が唯一で、巻三「尼君の巻」には大仏殿正面の一部のみが彩色で精密に描写される。発掘調査では地下のことしかわからないが、幸いなことにこれらの絵図によって創建期の大仏殿を知ることができる。この絵巻の成立は平安時代後期（一二世紀）頃とみられているので、治承の乱で焼失する前の様子を伝えている。

大仏殿の中央七間は扉があり、中央と左右の三間の扉が開け放たれその奥には蓮弁《れんべん》の上に坐った盧舎那仏がみえる。扉のある中央七間部分は初層の軒が一段高くなっており、大仏の台座から頭までが描かれる。現在の大仏殿は扉を開放しても大仏全体をみることができず、観相窓《かんそうまど》を開かないと外部から顔を拝むことができない。実際に絵図の通りにみえていたか否かは判断できないが、創建時はより開放的で今とはかなり印象が違うものであったらしい。上長押《なげし》まである縦に長い扉は建物の他の建築部材とともに赤く塗られ、金銅製の鋲金具が一〇列あり、細長い板を並べて鋲で打ちつけた造りであったらしい。一番東側の扉の片方が開いており、如意輪観音《にょいりんかんのん》・多聞天像《たもんてんぞう》の一部がみえている。大仏殿の柱もすべて赤く塗られ、大仏殿西端の二間分はすべて白壁でその上に組み物（現在のような天竺様ではない点に注目）と屋根の一部がみえる。長押には金銅製釘隠《くぎかくし》金具が各柱の上下に配されている。金堂《こんどう》基壇は壇正積みで、壇上には勾欄《こうらん》（手すり）が設置されている。正面石段は中央五間分である（江戸再建では中央三間分に縮小されている）。大仏殿前庭には八角灯籠も描かれている。大仏殿西側は一間分の隙間をあけて廻廊が接続する。廻廊は瓦葺き屋根・連子窓《れんじまど》で、当時は複廊だった。大仏殿に向かって廻廊が登り勾配になる点も現在と同じであったらしい。

絵巻からは盧舎那仏の表情もうかがうことができる。現在の大仏は江戸時代の制作でやや四角いが、絵図の大仏は丸顔で大仏蓮弁の線刻画に似る天平仏らしい表情である。大光背は円形に近いものが描かれるが上端はみえない。大仏が座る金銅蓮弁の下にみえる白い蓮弁は石造りのもので、現在のような垂直な基壇ではなかったらしい。銅製の蓮弁と石製の蓮弁は「大仏殿碑文」の「銅座」「石座」に相当する。

「信貴山縁起」のほかに治承の焼失前の大仏殿内の様子を伝える史料として、大江親通《おおえのちかみち》『七大寺巡礼私記』がある。これは嘉承《かしょう》元年（一一〇六）および保延《ほえん》六年（一一四〇）に七大寺を訪問して記録したもので、大仏殿・大仏・脇侍《きょうじ》・繍仏《しゅうぶつ》・四天王像《してんのうぞう》・堂内荘厳具・大仏御座・大仏殿南庭所在の基壇・南中門について解説している。大仏殿内部の柱すべてに彩色で仏画が描かれていたという。

発掘された奈良時代の大仏殿基壇

大仏殿中門廻廊解体修理に伴って昭和三十三年（一九五八）に大仏殿東側の旧基壇部分が石田茂作氏によって発掘調査され、凝灰岩延石・幅六尺の雨落石敷・花崗岩製地覆石が検出されている（石田茂作『東大寺と国分寺』至文堂、一九五九年、奈良県教育委員会文化財保存課『重要文化財東大寺中門廻廊修理工事報告書』一九六一年）。この調査により、奈良・鎌倉に建立された大仏殿の規模が記録と一致することがはじめて確認された。

また、防災工事に伴う大仏殿前庭の発掘調査では、南北四間以上、東西一間以上の掘立

図17　創建期東大寺復元模型（東大寺所蔵）

柱建物に復元される柱列が検出されており、ほかに幡竿《ばんかん》を立てたと推定される柱穴も検出されている（前掲『東大寺防災施設工事・発掘調査報告書』）。大仏開眼会など、この場所でおこなわれた法会に関連する仮設建物などの遺構と考えられる。

「金堂鎮壇具」の発見

大仏殿は明治時代に大修理が施され、その時に大仏蓮弁周囲から偶然に掘り出されたのが「東大寺金堂鎮壇具《ちんだんぐ》」である。明治の大修理は腐朽した部材の交換・鉄骨による屋根裏の補強が主としておこなわれた。足場を構築するために大仏の周囲に支柱を立てる穴を掘ったところ、明治四十年（一九〇七）九月二日に大仏の正面で刀・蟬金物・革断片・綴《しころ》断片が出土、同年九月四日に大仏右斜め前方で刀・硝子《ガラス》壺・鏡断片・金属製壺・歯骨が出

図18　金堂鎮壇具（東大寺所蔵）

土、翌年一月十四日に大仏背後から刀が出土しており、いずれも銅座下部分で地下一尺五寸（約四五センチ）の所からの出土であった（上田三平「東大寺大仏殿須弥壇内に於て発見せる遺宝に就きて」『寧楽』八、一九二七年）。

出土場所については、「古刀発掘位置之図」が大仏殿修理時に作成されていて正確な場所が明らかになっており、出土した三本の大刀の彩色実測図も一緒にセットで保管されていた。発見時の経緯については、東大寺の森本公誠氏が寺内の記録に基づきながら詳しく紹介している（「金堂鎮壇具と「国家珍宝帳」の「除物」」東大寺ミュージアム『修理完成記念

特別展　国宝・東大寺金堂鎮壇具のすべて』二〇一三年)。

正倉院宝物級の優品

出土した鎮壇具には銀製鍍金狩猟文小壺《ときんしゆりようもん》・瑞花六花鏡《ずいかろつかきよう》・銀製鍍金蝉形鏁《せみがたさ》子《す》・漆皮箱《しつぴ》・水晶玉・琥珀玉《こはく》・硝子玉・大刀・刀子《とうす》・挂甲《けいこう》などがある。いずれも正倉院宝物に匹敵する優品で、東大寺ミュージアムで見学できる。

そもそも鎮壇具とは寺院を建立する時に地鎮のために埋納された宝物類で、基壇や須弥《しゆみ》壇《だん》を構築する途中で埋められるものである。しかしながら、大仏殿で発見されたこれらの品は大仏銅座下の比較的浅いところから発見されているので、大仏殿建設前に埋納された鎮壇具とするには疑問がもたれていた。

陰剣と陽剣

「金堂鎮壇具」を東大寺が元興寺《がんごうじ》文化財研究所に委託して保存処理をする過程で、大刀のレントゲン調査をおこなったところ二本の大刀に「陰剣」「陽剣」の象嵌《ぞうがん》が施されていることが判明した。それぞれ二文字が刻まれているにすぎないが、この文字のもつ意味は極めて重要である。光明皇太后が正倉院に収めた宝物の台帳である『国家珍宝帳《こつかちんぽうちよう》』のなかに「陰宝剣」「陽宝剣」とされるものがあり、レントゲン撮影で現れた象嵌がまさにこれにあたる。

ところが『国家珍宝帳』には「除物」の付箋《ふせん》が貼られている。いったん正倉院に収納さ

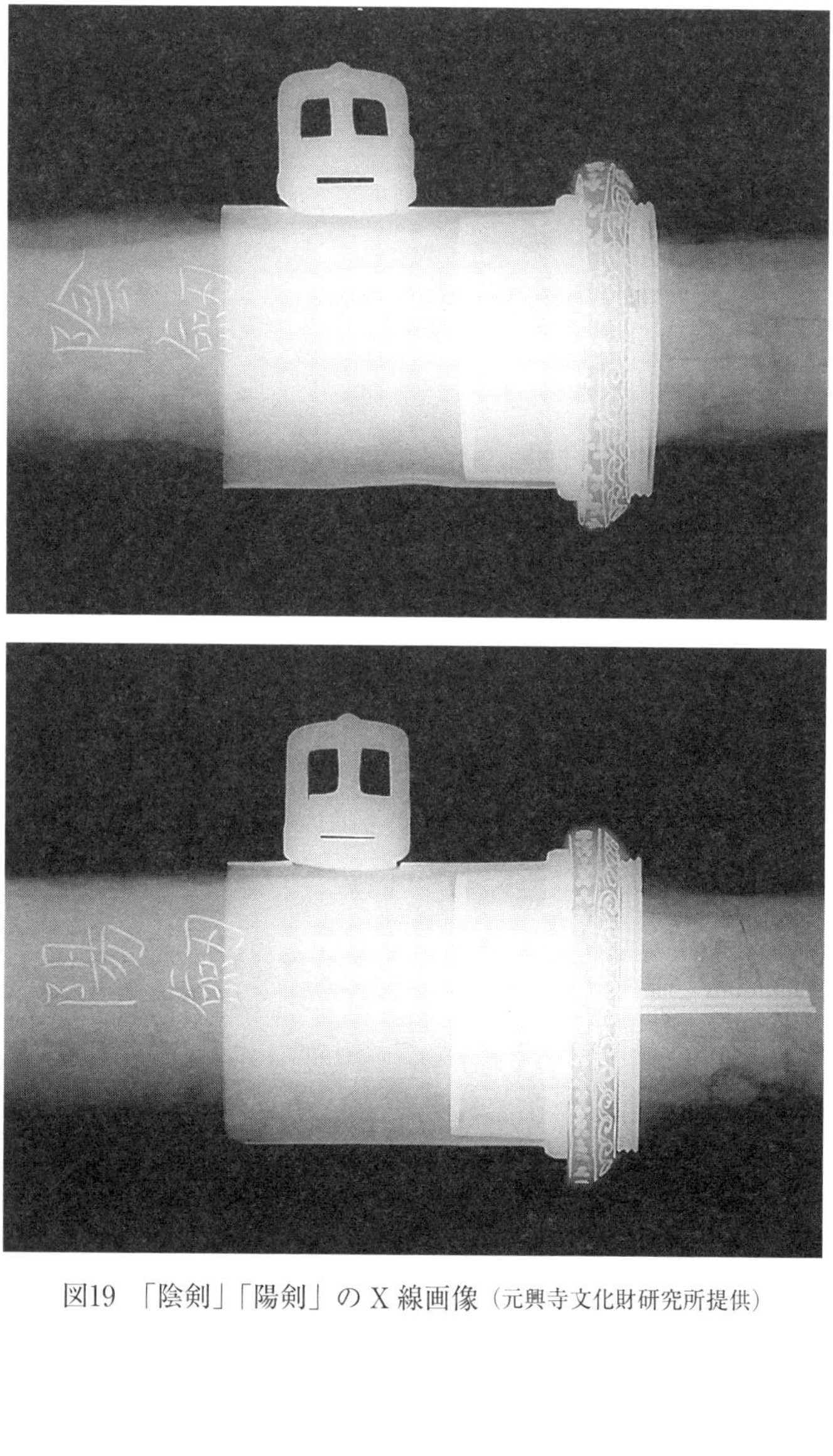

図19　「陰剣」「陽剣」のＸ線画像（元興寺文化財研究所提供）

れたのちにこれらの大刀を何らかの理由で持ち出し、台帳に「除物」の付箋を貼りつけたらしい。「正倉院文書」には、天平宝字《てんぴょうほうじ》三年（七五九）十二月二十六日に金鏤《きんる》宝剣二口と陽宝剣・陰宝剣各一口、銀荘御大刀一口を持ち出したことを記す文書があり、良弁《ろうべん》・慈訓《じきん》などが署名をしている（『大日本古文書』四—三九三）。同時に赤漆文欟木厨子《せきしつぶんかんぼくずし》も持ち出されているが、こちらは今も正倉院宝物として現存している。

以上から考えて、「陰剣」「陽剣」は『国家珍宝帳』に「除物」の付箋が貼られた大刀そのものである可能性が高い（東大寺『国宝 東大寺金堂鎮壇具保存修理調査報告書』二〇一五年、吉沢悟「『東大寺金堂鎮壇具』の研究」湯山賢一編『奈良時代の仏教美術と東アジアの文化交流（第二分冊）』奈良国立博物館、二〇一一年）。

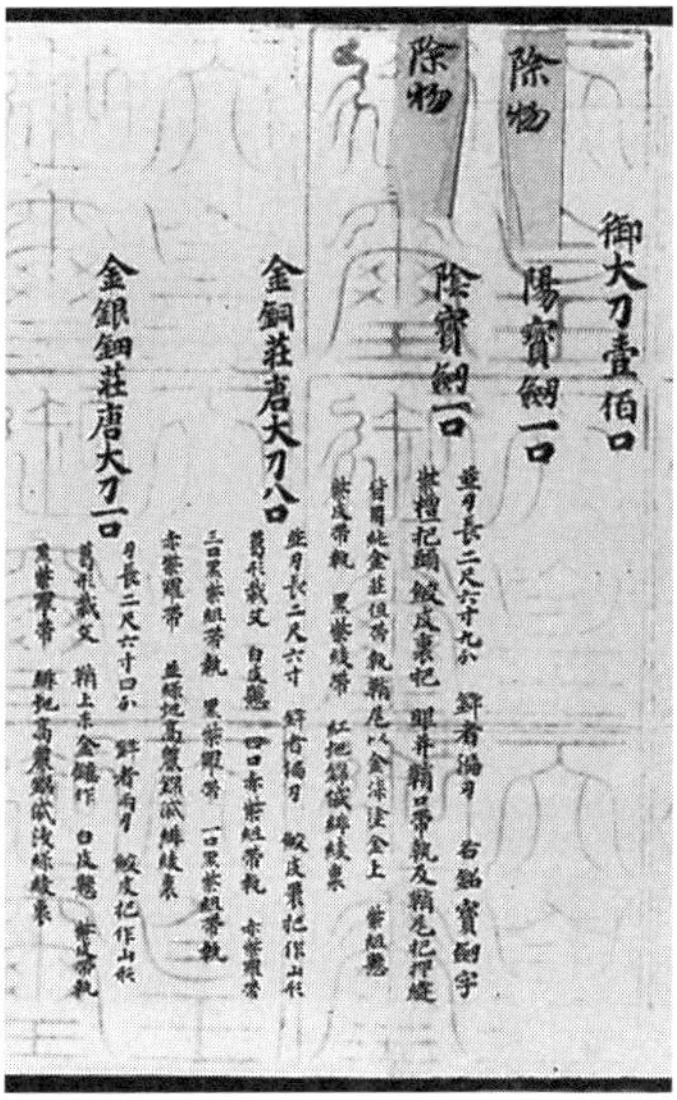
除物
除物
御大刀壹佰口
陽寶劒一口
陰寶劒一口
金銅荘唐大刀八口
金銀鈿荘唐大刀一口

図20　『国家珍宝帳』（正倉院宝物）

鎮壇具は光明皇太后の奉納品

これにより「金堂鎮壇具」は鎮壇具ではなく、聖武太上天皇遺愛の宝物の一部を埋納したものであることが明らかとなった。

長らく体調がすぐれなかった聖武太上天皇は天平勝宝八歳（七五六）五月二日に崩御した。光明皇太后の悲しみは深く、六月二十一日に遺愛の品々を盧舎那仏に奉納した。その時の目録が正倉院宝物の『国家珍宝帳』であり、「目に触れれば崩催す」と光明皇太后の悲しみを表現している。「陰剣」「陽剣」などこの目録に記載された品の一部が、天平宝字三年末から天平宝字四年の頃（光明皇太后はこの年六月没）に大仏の周囲に埋納されたのであろう。

金銅八角灯籠

大仏殿の正面にある金銅製八角灯籠（国宝）は創建以来法灯を伝えるものである。この灯籠は総高四・六二メートル、宝珠《ほうじゅ》・笠・火袋《ひぶくろ》・中台《ちゅうだい》・竿・基壇から構成され、火袋の羽目板に音声《おんじょう》菩薩《ぼさつ》の半肉彫《はんにくぼり》があることで著名である。東西南北の四面は扉に獅子を表し、西南面は横笛、西北面は縦笛、東北面は鈸子《ばっし》、東南面は笙《しょう》を奏でる音声菩薩を表している。

酸性雨による腐蝕の被害などから灯籠を守るために解体修理がおこなわれ、それに伴い灯籠基壇部分の発掘調査をおこなった（奈良県立橿原考古学研究所『奈良県遺跡調査概報一九九八年度』第一分冊、一九九九年）。創建期の基壇は一辺〇・九六メートルの八角形で、凝灰岩切石を用いて築かれ、基壇内には石を敷き詰めた上に土を積んで版築《はんちく》し、栗石《ぐりいし》を配列した上に礎石が設置されていたことが確認された。基壇版築土からは白石と緑石の円礫《えんれき》が出土している。これらの石の産地は大和盆地《やまとぼんち》周辺にはなく、和歌山市近郊・徳島県吉野川《よしのがわ》河口・三重県鳥羽《とば》市付近などの海岸部から意図的に搬入して基壇内に埋められたと考えられる。また基壇の外側には玉砂利が敷かれ、そのなかから灯籠に使用されていたとみられる金銅製鍍金鋲が二点出土している。

大仏殿院廻廊

現在の大仏殿院廻廊は江戸時代に再建された単廊形式のもので、大仏殿の左右に接続する軒廊《こんろう》より北側は石垣と土塁になっている（享保《きょうほう》十四～十五年〈一七二九～三〇〉の築造）。全体の規模は創建以来踏襲されているが、創建期の廻廊は複廊であった。廻廊の南面中央に南中門、北面中央に北中門、東西両面に楽門《がくもん》が配されている。北中門は大仏殿昭和修理時に発掘調査をして東西五間、南北二間であることを確認し、「大仏殿碑文」の記述を裏づけた。この調査では創建期の花崗岩製礎石・凝灰岩製地覆石を発見している。また北中門と大仏殿北面との間には幅約一・五㍍の石敷も確認している。

大仏殿西廻廊隣接地の発掘調査では、創建以前の谷地形が検出された。この谷底部には大仏鋳造時に利用された多量の木簡が投棄され、鋳造作業が終了するとこの谷は大仏を覆った盛り土や溶解炉などの廃棄物によって埋め立てられている。この層は整地土によって覆われるが、このなかには三面の木屑層がある。この木屑は手斧屑ばかりであり、最も上の木片層の下には非常にきれいな山土の盛り土層があり、廻廊を造るための整地作業に関わるものと考えられる。最上層の木片層は大仏殿廻廊建築時の木屑と考えられ、それを覆い隠すように土を積んで最終的な基壇回りの整地をおこなっている状況から、聖武太上天皇一周忌に向けて突貫工事で大仏殿廻廊を造営した様子がうかがえよう。

「正倉院文書」には天平勝宝九歳三月九日に大仏殿院歩廊一六〇間の装飾に用いた緑《ろく》青《しよう》・膠《にかわ》の記録があり（『大日本古文書』四―二二三）、一周忌の直前まで工事が進められていたようである。また造瓦所の項目でも説明したように造東大寺司《ぞうとうだいじし》から興福寺へ瓦三万枚を発注し（『大日本古文書』四―一八〇）、摂津職《せっつしき》にも二万枚を発注し（『大日本古文書』四―二二四）、資材の確保に奔走したことがわかる。史料上では確認できていないが、廻廊付近からは興福寺式・大安寺式軒瓦《だいあんじしきのきがわら》が多量に出土しているので、これらの寺院からも屋根瓦の供給を受けたことがわかる。

大仏殿廻廊南中門南側の発掘調査でも大仏殿廻廊建立時の木屑層が検出されている。手斧屑のなかには「賛支」「高背」の文字が刻まれたものも複数見出され、「賛支」は国名の讃岐《さぬき》を省略したもの、「高背」も讃岐国内の郷名と考えられる。木屑層下層からはT字状に接続する石組み溝、方形土坑一基、木材と礫を組み合わせた区画堤状の遺構一基が検出されている。層位的にこれらの遺構は廻廊造営以前のものと考えられる。溝・土坑からは鋳造関連遺物や銅・錫《すず》片が検出され、土坑内には高熱を受けた痕跡がある。金属製品工房が所在し、大工道具の製作や修理をおこなったようである。

「東大之寺尊僧」

また堤状遺構の付近では「東大之寺尊僧志尺文」などと記された木簡が出土している。上下端が加工されているこの木簡の墨書は、肉太の優れた筆跡である。内容は「東大寺の高僧が経典の注釈を志した」というところであろう。「東大之寺」の呼称は天平十九年（七四七）の「正倉院文書」にもみえており（『大日本

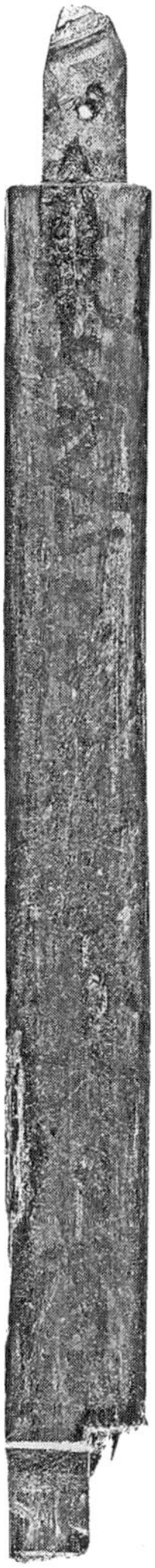

図21　木簡「東大之寺尊僧」（橿原考古学研究所提供）

古文書』九―六四三）、建立初期の段階でまだ「東大寺」の寺名が定着する以前の過渡的なものである。

この木簡の裏面には表面とは異なる筆跡で「論語序一」などの習書がある。これは『論語』の注釈書である「何晏集解《かあんしっかい》」に基づいて書かれた習書と考えられる。このほかにも「神□」「鳥取□」「三奴百足」などと書かれた木簡もあり、この調査では合計七点の木簡が出土している（前掲『東大寺防災施設工事・発掘調査報告書』）。

東塔院・西塔院

東大寺の塔院

東大寺式伽藍配置の特徴の一つが、大仏殿院南側の東西（正面左右）に東塔院・西塔院を置くことである。飛鳥時代初期の飛鳥寺《あすかでら》（奈良県高市《たかいち》郡《ぐん》明日香村《あすかむら》）や斑鳩寺《いかるがでら》（若草伽藍《わかくさがらん》、奈良県生駒郡《いこまぐん》斑鳩町）などは金堂南の廻廊内に仏舎利《ぶつしゃり》を安置する塔を配置したが、奈良時代になると廻廊の外側に配置されるようになる（大安寺・元興寺・興福寺など）。東大寺もこれらと同様であり、大仏殿院廻廊外側に左右対称に配置されている。東西両塔ともに現在でも基壇跡の高まりをみることができ、その規模の大きさに圧倒されることであろう。

東塔院・西塔院はいずれも塔とそれを囲む廻廊により構成される。「大仏殿碑文」には

「塔二基。並七重。東塔高廿三丈八寸。西塔高廿三丈六尺七寸。露盤《ろばん》高各八丈八尺二寸」とあり、どちらも高さ約七〇《メートル》ほどで西塔の方がわずかに高かったらしい。塔の高さについては研究者の間で議論があり、天沼俊一氏は本体約七〇《メートル》と相輪《そうりん》約二七《メートル》の合計約一〇〇《メートル》とした（「東大寺東塔院及西塔院址」『奈良県史蹟勝地調査会報告書』第五回、一九一八年）。大仏殿内で現在展示されている模型は天沼氏の設計による復元である。一方、箱崎和久氏は相輪部を含めて全高約七〇《メートル》と想定した（「東大寺七重塔考」ＧＢＳ実行委員会編『論集東大寺創建前後』東大寺、二〇〇四年）。

西塔院の発掘調査

『東大寺要録』諸院章は東塔を天平勝宝五年（七五三）三月三日建立、西塔を天平勝宝五年閏《うるう》三月二十三日建立とする（しかし閏三月があるのは天平勝宝五年でなく四年）。西塔の完成時期について正確な史料はないが、天平勝宝年間の完成とみられる。西塔は造営から約一八〇年後の承平《じょうへい》四年（九三四）十月十九日に落雷を受け焼失した（『東大寺要録』諸院章・雑事章）。『東大寺要録』が撰述された嘉承元年（一一〇六）には、西塔はすでに存在していなかったことになる。

昭和三十九年（一九六四）に実施された発掘調査で凝灰岩製壇正積み基壇がみつかっている（奈良県教育委員会『奈良県文化財調査報告書（埋蔵文化財編）』第八集、一九六五年）。

西塔基壇は東北隅と西南隅を確認し、特に西南隅は地覆石・羽目石・延石が良好な状態で残っていた。西塔は再建されなかったことにより創建当初の基壇がほぼそのまま残っていたらしい。この調査は全面発掘ではなく部分的な調査であったが、西塔基壇が一辺一三・

図22　西塔跡基壇（上・東北隅，下・西南隅，橿原考古学研究所提供）

八《メートル》であることが明らかになっており、東塔と西塔は実際にほぼ同じ規模だったといえる。廻廊の遺構は発掘では確認できていないが、東塔と同様とみてよいだろう。

東塔院の発掘調査

東塔院の造営時期は「実忠二十九箇条」第七条によれば、天平宝字八歳（七六四）に東塔の露盤（奈良時代には相輪全体を露盤と呼んでいた）を構えあげ、刳形に『金字最勝王経《さいしょうおうきょう》』と仏舎利を納めたとあるので、『東大寺要録』が天平勝宝五年完成とするが、実際には天平宝字八歳頃の完成とみられる。「正倉院文書」には天平宝字六年二〜四月にかけての造東大寺司各部署の作業報告が残っており（『大日本古文書』五―一二五・一八八）、そのなかに東塔の露盤の部品を鋳所が製作したことがみえている。

錯作露盤六盤　功卅八人
錯作露盤宇須四枚　功二百卅六人
錯作露盤刳四口　功五十六人
錯作露盤薄仙花八枚　功七十一人
作露盤刳形鉄幷修理刃器　功五十二人
磨露盤鐸八十口　功八十人

鋳作石山寺《いしやまでら》鍾一口	功五十五人
冶熟生銅九千五百斤	功九百廿人
洗収土交銅八百卌一斤	功一百二人
自福智山運炭九百廿八斛	功九百廿八人
自京中求運粳一百廿斛	功一百廿人
自大仏殿東岡運露盤形土	功五十五人
採露盤形作料葛卌四荷	功卌四人
採露盤形焼料薪三百六十四荷	功一百八十二人
料理雑工等食物	功一百廿四人
温室湯桶	功廿二人

右に掲げたものは二月中の作業にかかわるもので、四月までの間に露盤・宇須《うず》（水煙《すいえん》）・剗《くりかた》（竜車《りゅうしゃ》・宝珠《ほうじゅ》）・剗柄・耳管・冠管・薄仙花（受花《うけばな》）・伏鉢《ふくばち》・伏盤（露盤）・鐸《たく》などを製作している。鋳・磨・轆轤《ろくろ》引・錯《めつき》の工程がみえ、露盤の鋳型に用いる土は大仏殿東岡《ひがしおか》と西堀河《にしほりかわ》（秋篠川《あきしのがわ》）から運んだという。四月一日の報告によると三月の　ヵ月間に延べ三八一四人が鋳所に勤務しているので、木工所（二一一二人）・造瓦所（八一三人）と比較して

も圧倒的に多い。こうした作業は東塔建設現場ではなく、境内の適当な場所に分散しておこなわれたのであろう。東塔の完成は天平宝字八年、露盤の鋳造は天平宝字六年なので、相輪の作製から組み上げるまでに二年ほど経過していることになる。

図23　東塔跡基壇（上・全景，下・奈良時代創建塔基壇，『東大寺境内整備事業調査報告 第１冊 東大寺東塔院跡』東大寺，2018年）

その後、東塔は治承四年（一一八〇）に焼失してしまうものの、建仁《けんにん》元年（一二〇一）に重源上人が再建を発願し、元久《げんきゅう》元年（一二〇四）再建に着手、貞応《じょうおう》二年（一二二三）に相輪を上げた。ところが、康安《こうあん》二年（一三六二）に雷火によって再び焼失したのちは再興されずに現在に至っている。

東塔院の調査は平成二十七年（二〇一五）度より境内整備事業の一環として令和元年（二〇一九）度まで実施された。調査を担当したのは、東大寺・奈良文化財研究所・奈良県立橿原考古学研究所によって構成される史跡東大寺旧境内発掘調査団である（『東大寺境内整備事業調査報告　第一冊　東大寺東塔院跡―境内史跡整備事業に係る発掘調査概報一―』東大寺、二〇一八年、『東大寺境内整備事業調査報告　第二冊　東大寺東塔院跡―境内史跡整備事業に係る発掘調査概報二―』東大寺、二〇二〇年）。

大きく残っている基壇跡の高まりに調査区を設定して発掘したところ、鎌倉再建時の基壇がみつかった。基壇は一辺約二七㍍《メートル》で、北面・東面階段、基壇延石、石敷、基壇上面の礎石抜き取り穴を確認している。注目すべきは、鎌倉時代の基壇の一部を断ち割り調査（遺跡の一部を部分的に深く掘り下げて内部を確認すること）したところ、再建時の基壇のなかから創建期の奈良時代の基壇が顔をのぞかせたことである。奈良時代の塔基壇は一回り小さい一辺二四・二一メートルの正方形で、二上山《にじょうさん》産凝灰岩製の壇正積み基壇であることが判明した。基壇の復元高は一・七七メートルとなる。

基壇の南・北・東面で階段を確認している。各面の中央に階段があり、階段の幅が奈良期（約九メートル）と鎌倉期（約六・五メートル）で異なっている。奈良時代の階段の方が幅広いのは柱の配置が鎌倉時代とは違っていたことによる。奈良時代の礎石・柱痕跡は調査で確認できていないが、創建期の塔で五間四方だったものが、鎌倉再建で三間四方に柱配置が変更されたと考えられる。それによって創建基壇の階段は五間の中央三間に対応して設定されたとみられる。「東大寺寺中寺外惣絵図并山林」で東塔が三間に描かれているのは再建基壇を表現したもので、再建されなかった西塔が五間で描かれるのは創建時の礎石がそのまま残っていたからであろう（ただし「東大寺寺中寺外惣絵図并山林」は東塔院廻廊をすべて複廊で表現するなどしており、全面的に正しいわけではない）。したがって、創建当初の東塔・西塔はともに五間四方である可能性が高い。

東塔院を囲む門と廻廊については、「正倉院文書」に天平宝字六年三月の造東大寺司木工所の作業報告が残っており、「東塔歩廊を構へ作る　功三百九十九人」「同塔北中門一宇を葺く　功百八十九人」とみえている（『大日本古文書』五―一二五）。この時には廻廊および門が造営中であった。塔跡の周囲の調査では、廻廊と廻廊の四面に設けられた南門・東門・西門・北門跡がみつかっている。正門となる南門は、創建期の遺構は明確でないものの、鎌倉再建時の南門跡が残っており三間×二間で一二・九メートル×七・二メートルの規模となることが確認された。門に取りつく廻廊は幅約六メートルの複廊である。創建期はすべて複廊であったが、鎌倉再建において南面廻廊以外は単廊に変更されている。創建東門は三間×二間の礎石建物で、一二・七メートル×七・一メートルの規模に推定できる。創建東面廻廊は複廊で幅約五・九メートルと推定でき（鎌倉再建の廻廊は幅約四・七メートルの単廊）、中央の棟通り部分には礎石・敷塼（瓦製の敷きブロック）・凝灰岩切石が残っていた。

空海寺境内の鋳造遺構

　正倉院の北方に空海寺《くうかいじ》という寺院が現在ある。空海寺は、寺伝によると唐から帰朝した空海が創建し、自ら彫刻した阿那地蔵尊《あなじぞうそん》を堂内の石窟《せっくつ》に安置して本尊としたのがはじまりという。庫裏《くり》の建て替えに伴う発掘調査をおこない鋳造土坑を検出している（奈良県立橿原考古学研究所『奈良県遺跡調査概報 二〇〇三年度』第一分冊、二〇〇四年）。

　鋳造土坑は一辺約二・九メートル、深さ約一・三メートルの平面正方形で、土坑の床面周囲には幅約五〇センチの排水溝が設けられ、西側へ暗渠で排水するようになっている。床面中央には直径約一メートルの断面椀状の穴があり、さらにそのなかに直径約三〇センチの穴がある。床面は四面あるので、四回以上繰り返して鋳造に使われたらしい。鋳型が残っていないためこの鋳造土坑で何がつくられたのか直接知ることはできないが、土坑のなかに廃棄された木簡の一点に次のようなものが含まれていた。

・　□□十人掘出自□地
　×人作露盤伏鉢樋八枚形　十一人銅
　□　□人
・壱斤　□□□
　丈一尺　滑海藻

この木簡は塔露盤伏鉢の「樋」八枚を製作した時の作業員数や物品数を書きあげたものである。木簡が書かれた正確な年代はわからないので、残念ながらこの製品が東塔のものか西塔のものかは判断できない。天平宝字六年の造東大寺司の作業報告には「樋」がみえないが、いずれにせよこの鋳造土坑で塔露盤伏鉢などの部品が製作された可能性が高い。

講堂・僧房・食堂

講　堂

講堂《こうどう》は経典の講義・説教や法会をおこなうための施設で、大仏殿の北側に位置し、現在は広々とした松林のなかに礎石列だけが残っている。本格的な発掘調査は実施されていないが、いずれ調査と整備がおこなわれるであろう。

講堂の礎石の配置は桁行一一間、梁行六間の規模で、『東大寺要録』によると講堂は「長十八丈二尺、広九丈六尺」とある。講堂は軒廊によって僧房《そうぼう》四宇と接続されていた。周囲に配置された三面僧房とともに東大寺僧の生活の中心となる。天平勝宝五年（七五三）正月に甲賀《こうか》で用材を伐り出していることから（『大日本古文書』三―六一七・一三―一五七）、この時に造営が始まったとみてよい。

講堂は延喜十七年（九一七）に僧房西室二室からの失火によって焼失したものの、間もなく再建され、治承四年（一一八〇）に再び炎上した。鎌倉時代の復興で、重源・栄西《えいさい》の跡を継いで東大寺大勧進《だいかんじん》となった行勇《ぎょうゆう》が嘉禎《かてい》二年（一二三六）に講堂再建に着手し、翌年の嘉禎三年に棟上げをおこない、康元《こうげん》元年（一二五六）頃に本尊・脇侍を造って再建工事が完成した。しかし、永正《えいしょう》五年（一五〇八）に再び焼失して以降講堂は再建されず現在に至っている。

　講堂に安置された仏像のうち、本尊は高さ二丈五尺の乾漆千手観音菩薩立像《かんしつせんじゅかんのんぼさつりつぞう》で、天平勝宝七年十一月二十一日に制作が開始されたという（『東大寺要録』諸院章）。脇侍は高さ一丈の虚空蔵菩薩《こくうぞうぼさつ》と地蔵菩薩《じぞうぼさつ》（皇后の御願で天平十九年〈七四七〉二月十五日に制作開始とされる）で、ほかに高さ三尺三寸の文殊菩薩《もんじゅぼさつ》と高さ三尺二寸の維摩詰像《ゆいまきつぞう》（いずれも乾漆で天平十九年の始作とされる）もあったらしい。「正倉院文書」には天平宝字六年（七六二）四月とみられる造東大寺司造仏所の作業報告が残っており（『大日本古文書』五―一一八八）、「大千手菩薩の御手を合せ作る　功廿二人」「同菩薩の御手を彫り作り幷せて継ぐ　功七十七人」とみえる大千手観音がこれにあたる。

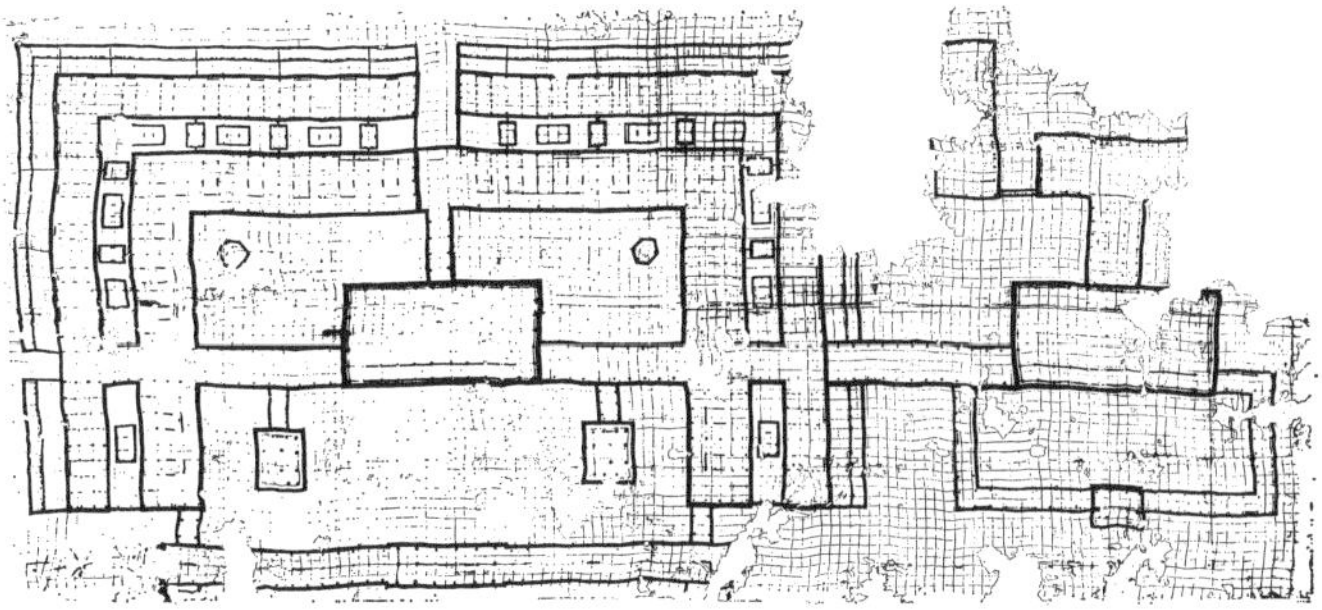

図24　「東大寺殿堂平面図」（トレース図）

「東大寺殿堂平面図」

正倉院宝物の「東大寺殿堂平面図」は創建期の講堂に加えて三面僧房・食堂《じきどう》のプランを描いた図である。この図は麻布二幅を合わせて一枚の布とし、全体に一寸四方の方眼が引かれている。これによると講堂の東西前方には鐘楼《しょうろう》・経蔵《きょうぞう》があり、東・西・北側には三面僧房がある。僧房と講堂は廊下で結ばれていたらしい。図にみえる講堂の規模は実際に造営されたものと等しい。講堂は発掘調査がまだおこなわれていないので今後の調査をまちたいが、大仏殿や東塔のように鎌倉復興期基壇の下に創建基壇が残されている可能性もある。

　大仏殿院の北側は現在は焼門から東へ延びる道路となっているが、奈良時代はどのような様子だったのだろうか。大仏殿院廻廊西北隅の北側の発掘調査では、地表面からの深さが約三・三メートルの谷筋がみつかった（三好美穂

「東大寺境内（講堂東面僧房・大炊殿跡推定地）の発掘調査」栄原永遠男・佐藤信・吉川真司編『東大寺の新研究一　東大寺の美術と考古』法蔵館、二〇一六年）。この谷の底からは奈良時代の瓦とともに一一世紀の土器が出土しているので、少なくとも一一世紀頃までは大仏殿―講堂間は埋め立てられずに谷地形が残っていたとみられる。

大仏殿院北中門北側の調査で八世紀の土器・多量の炭・鞴《ふいご》羽口《はぐち》・溶銅・銅滓・木簡などが同じ谷に埋まっている状況を確認している。大仏など大型銅製品の鋳造作業に関わる廃棄物とみられる。出土した二点の木簡のうち一つは「(表) 受鞴一口 (裏) 九月九日」とあり鋳造作業に関するものである。もう一つは「少丁肆拾人之中　土起八□　土運十九」と書かれており、少丁（一七～二〇歳の男子）が土の掘り起こしや運搬作業に奉仕していたことがわかる。

三面僧房

講堂の周囲には僧侶が居住するための僧房が設けられた。僧房は東室・西室・北室の三面で構成され、それぞれ太房《たいぼう》・中房《ちゆうぼう》の二重構造になっている（これらの間は中庭）。僧房は講堂と同じく延喜十七年の火災により焼失した。講堂・僧房はまもなく再建され、承平五年（九三五）五月の落慶供養では一〇〇〇人の僧侶が集ったという（『東大寺要録』諸院章）。僧房も講堂と同じく焼失・再建を繰り返したが、僧房から出土する瓦には「建長《けんちょう》元年東大寺三面僧坊」の銘《めい》があるので、再建僧房は建長元年（一二四九）頃の完成とみられ、最終的に永正五年の東室からの失火で再び焼失してしまった。

僧房は昭和二十六年（一九五一）に一部が発掘調査され礎石を検出している。これに基づいて鈴木嘉吉氏が復元案を出している（「奈良時代僧房の研究」『奈良国立文化財研究所学報』四、一九五七年）。これによると僧房は東西約二二〇メートル、南北一一五メートルの長大なコの字型建物で、床面には凝灰岩の石敷が残り、礎石は円柱座がつくりだされて地覆石なども整っていることから床板張りはなく土間《どま》のまま使用されたとみている。

その後長らく僧房付近の発掘調査は実施されなかったが、平成二十三年（二〇一一）度の奈良市教育委員会による調査で、鎌倉再建の東面僧房（太房）南端の礎石・基壇化粧を検出した。礎石間にある凝灰岩切石の据付穴から一三世紀後半頃の土器が出土しているので創建僧房の遺構ではないが、創建期講堂を踏襲して再建されたものとみられる（前掲三好美穂「東大寺境内（講堂東面僧房・大炊殿跡推定地）の発掘調査」）。発掘調査では僧房の全貌はまだ明らかになっていないが、これらの調査により正倉院宝物の「東大寺殿堂平面図」に近いものであったことが確かめられた。

食堂は簡単にいえば僧侶が食事をする施設だが、例えば修二会《しゅにえ》の食堂作法をみてわかるように食事は修行の一つであり、宗教的な施設でもある（吉川真司「古代寺院の食堂」栄原永遠男・西山良平・吉川真司編『律令国家史論集』塙書房、二〇一〇年）。現在は塔頭《たっちゅう》が立ち並び南西部分は広い駐車場となっていて食堂院の面影はまったくなく、道路の中央に食堂のものとみられる礎石が残るのみである。

食堂院

正倉院宝物の「東大寺殿堂平面図」には講堂の東側に食堂院が描かれ、複数の建物が存在したことが知られる。『東大寺要録』には「食堂、一宇一重十一間（在西登廊）」とあり、講堂・僧房から東へ登廊をあがった一段高いところが食堂院である。食堂院の中心となる食堂が単なる食事場所でないことはいま述べたが、注目すべきは食堂が講堂と同じ平面規模の巨大な施設であったことである。食堂と南門・廻廊で囲まれたなかには庭があり、食堂の北側には軒廊で接続される食殿《じきでん》がある。さらに食殿の西側には南北棟の大炊殿《おおいどの》があった（海野聡「東大寺食堂にみる古代食堂の建築的展開について」栄原永遠男・佐藤信・吉川真司編『東大寺の新研究三　東大寺の思想と文化』法蔵館、二〇一八年）。「正倉院文書」には天平宝字六年二月の造東大寺司木工所の作業報告が残っており（『大日本古文書』五―一八八）、「食堂軒廊一宇　功三百十二人」とあるので、大仏開眼から一〇年後も造営作業は続いていたことがわかる。食堂院は治承四年に焼失し、それ以後再建されることはなかった。

食堂院の遺構

食堂東半部にあたる現在の宝厳院《ほうごんいん》の発掘調査では、食堂前庭東半部から食堂にかけて南北に細長い調査区を設定して発掘したものの、現地表から約一・三メートル下の地山面まで山土の流入土が厚く堆積する状況で食堂や廻廊の基壇は痕跡がまったくなく、一般的に堂舎跡周辺でみられるような瓦片の散布もなかった。山側からの激流や土石流などによって大きく失われている可能性が高い（奈良県立橿原考古学研究所『奈良県遺跡調査概報二〇一四年度』第二分冊、二〇一五年）。宝厳院境内の調査では食堂の北にあった食殿に関連する遺構を検出している。調査範囲が狭いため全体像は不明ながらも、食殿南辺の凝灰岩製礎石一基・食殿と南に延びる軒廊の礎石抜き取り穴（いずれも柱間約四・〇メートル）・基壇延石・食殿南北雨落溝を確認している。建物は二時期あり、最終的に治承四年に焼失したと判断される（前掲『東大寺防災施設工事・発掘調査報告書』）。

講堂・僧房と食堂院をつなぐ西登廊は、発掘調査で幅約八・九メートルの軒廊基壇を確認し、基壇基底石の凝灰岩がみつかっている（奈良県立橿原考古学研究所『奈良県遺跡調査概報二〇〇二年度』第一分冊、二〇〇三年）。康和《こうわ》四年（一一〇二）に食堂登廊が修理されたと『東大寺要録』別当章に記されているので、治承四年に焼失する頃までは存続していたことがわかる。

大炊殿は『東大寺要録』諸院章に「一、大炊殿在大釜二口 一飯爨料 二粥煮料 大槽一口釜二口」とあるように食堂に提供する食事をつくる施設である。奈良市教育委員会による発掘調査では奈良時代の建物基壇・築地塀基底部・雨落ち溝・暗渠を検出した。大炊殿も治承四年に焼失したと考えられる（前掲三好美穂「東大寺境内（講堂東面僧房・大炊殿跡推定地）の発掘調査」）。

「東大寺殿堂平面図」に描かれない施設で注目されるものに「碓殿《うすどの》」がある。『東大寺要録』諸院章に「一、碓殿在碓七具」とみえるもので、大江親通

碾磑亭

が保延六年（一一四〇）に撰述した『七大寺巡礼私記』には「一、碾磑亭一宇、七間瓦屋、碾磑を置く」としてみえ、転害門の名の由来となったという。「件の亭は講堂の東の食堂の北に在り。其の亭内に石唐臼《いしからうす》を置く。是れを碾磑と云う。馬瑙《めのう》を以て之を造る。其色は白なり」とあり、メノウのように白い石で造られた唐臼がなかに置かれたという。建物の柱間毎に石臼が設置されたらしい。食堂院北方の発掘調査では、現在の持宝院《じほういん》北側で石臼が出土している。流紋岩製の臼は破片となって後世の井戸の石組みに転用されているものの、直径約一メートルの唐臼に復元できる。この調査では総柱の礎石建物の一部を検出している。礎石は四ヵ所でみつかり、礎石抜き取り痕跡も二ヵ所でみつかっている。建物周囲に幅

〇・八メートルの石敷がある柱間一三間（約三・九メートル）の大型建物であるが、これが付近に並んでいた倉庫の一つであるのか、あるいは「碓殿」であるのかは決めがたい（奈良県立橿原考古学研究所『奈良県遺跡調査概報二〇〇〇年度』第一分冊、二〇〇一年）。

このほかに『東大寺要録』にみえる羹所《あつものどころ》・北厨《くりや》・南厨・細殿《ほそどの》・北酒殿《さかどの》・油殿《あぶらどの》も食堂付近に置かれたのであろう。

大湯屋

食堂院の南側にある大湯屋《おおゆや》は「東大寺山堺四至図」にはみえず、大湯屋池だけが描かれる。だが創建期の東大寺には湯屋が存在していたようで、天平勝宝五年九月四日に「東大寺大釜」を納めたと『東大寺要録』本願章にある。鉄三〇〇〇斤（約二トン）を用いたというので、現存する鎌倉時代の鉄湯船とほぼ同様の大きさだったと推定できる。創建時の湯屋については詳細不明だが、『東大寺要録』諸院章に「一、温室院」とあり、この鉄釜が置かれたのであろう。『七大寺巡礼私記』は「大湯屋一宇（南向）」が大仏殿の東の釣鐘の北にあるというので、現在と同じ場所にあったとみてよい。

現存する大湯屋は鎌倉時代のもので、『東大寺要録』別当章に治暦《ちりやく》三年（一〇六七）～延久《えんきゅう》二年（一〇七〇）の間に大湯屋を造ったとあり、また『東大寺要録』別当章には延応《えんおう》元年（一二三九）三月に大湯屋を新造したとある。浴室内には建久八年（一一九七）

の鉄湯船がある。湯船は径二《メートル》、高さ〇・八《メートル》の大きさで、重量は一六八八《キログラム》ある。大仏殿西廻廊隣接地の発掘ではその鋳型の一部とみられるものが出土している。

戒壇院地区

戒壇院

東大寺戒壇院が建つ場所は大仏殿院から西方へ延びる尾根の先端部付近に位置し、大仏殿西の中門堂（指図堂《さしずどう》）や勧進所《かんじんしょ》と同じ面にある。戒壇院正面の長い石段や北側の焼門（中御門）へつながる石段を歩いてみると戒壇院が高い場所にあることがよくわかる。戒壇院建立にこの場所が選ばれたのは、前後に谷があり周囲と隔てられているためである。戒壇とその周辺は清浄を保つ必要があり、今でも戒壇院周辺に「大界外相」「大界内相」などと刻まれた結界の石標をみることができる。東大寺の授戒は四月あるいは三月に実施されるものであったが、平安時代には「近来定めなし」となっており（『東大寺要録』）、定期的におこなわれたわけではない。現代の東大寺でも授戒は二〇年に一度くらいの頻度でしかおこなわれていないという。

鑑真の来日と戒壇院の建立

天平勝宝六年（七五四）二月に唐から鑑真《がんじん》が来朝した。鑑真は唐揚州《ようしゅう》大明寺《だいみょうじ》の僧で、栄叡《えいえい》・普照《ふしょう》らの要請を受けて日本へ戒律《かいりつ》を伝えるため渡航を決意し、五度の失敗を乗り越えて六度目に成功、来日した。

天平勝宝六年四月に大仏殿前に戒壇を築き、鑑真は聖武太上天皇に菩薩戒を授け、皇太后など四四〇人余に授戒した。そして同年の五月に戒壇院建立の命が出された（『唐大和上東征伝《とうだいわじょうとうせいでん》』）。天平勝宝八歳の「東大寺山堺四至図」では、大仏殿の西側が四角く区画され「戒壇院」と記入されている。『東大寺要録』諸院章によれば、天平勝宝七年九月に造営が終了し、十月十三日に法要が営まれたという。

戒壇院を構成する堂舎

戒壇院の中心となるのが戒壇堂で、戒壇の四隅に四天王像（『東大寺要録』諸院章によると天平勝宝七年九月に銅四天王立像を造ったとあり、現在戒壇堂に安置される四天王立像塑像《そぞう》は江戸時代の戒壇堂再建時に指図堂から持ち込まれたもので、本来は法華堂《ほっけどう》にあったものと考えられている）が配され、戒壇中央に多宝塔《たほうとう》が置かれる（鑑真の創建当初は塔ではなく唐招提寺《とうしょうだいじ》のような覆釜形だったとする説がある）。戒壇の上が広くとられているのは、ここで授戒の儀式がおこなわれるからである。

室町時代の成立とされる「戒壇院古図」（東大寺所蔵）には戒壇堂・講堂・僧房などの堂宇が描かれている。「戒壇院古図」では戒壇堂の北に中心線を揃えて講堂・談義所《だんぎしょ》があり、さらに講堂の東・北・西の三面に僧房（戒和上《かいわじょう》一〇師らの宿所となる）が配置されている。講堂の東西および北面からは軒廊が延び、三面僧房に接続する。『東大寺要録』諸会章には「戒壇院　金堂　講堂　軒廊　廻廊　僧房　北築地　鳥居　脇戸等」と書かれていて古図とほぼ同じ内容である。余談であるが同じ記事には「一、戒壇北の馬道《めどう》を以て瓦屋に用うべからざる事」とあり、白壁や朱塗りの柱が汚損し泥水で基壇も傷むという理由で、戒壇北側の通路で瓦を製造することを禁じている。これらは寛遍僧正《かんぺんそうじょう》（一一〇〇～六六）が記していることから平安時代後期の状況である。戒壇堂は文安《ぶんあん》三年（一四四六）一月二日に失火でことごとく炎上したといい、現在の堂は享保十八年（一七三三）の再建である。

戒壇院の調査

戒壇院の発掘調査では、講堂・北面僧房と軒廊・西面僧房と軒廊の基壇がみつかった。いずれも凝灰岩製壇正積み基壇で、延石・羽目石・地覆石と雨落ち溝が残存していた。凝灰岩製基壇は奈良時代創建当初のもので、再建建物の軒の出幅の変化などに伴って基壇が拡張されるなど、後世に部分的に改修を受けていた（奈

図25　戒壇院検出凝灰岩製基壇（橿原考古学研究所提供）

良県立橿原考古学研究所『奈良県遺跡調査概報一九九六年度』第一分冊、一九九七年、前掲『東大寺防災施設工事・発掘調査報告書』)。戒壇堂は西辺に沿って発掘をおこなっているが、創建期基壇はみつからなかった。ただし、凝灰岩破片が出土するので他の建物と同じく凝灰岩製基壇の上に建っていたと考えられる。

戒壇院は治承四年（一一八〇）の兵火で焼失したが、重源上人によって鎌倉時代に復興された。しかし文安三年に僧房北室からの失火が原因で再び焼失し、永正年間（一五〇四～二〇）に再々建された。いずれの再建時にも建物の礎石位置や柱間などは旧規を踏襲していることが発掘調査で明らかになった。「戒壇院古図」は創建当時の様子をよく伝えていると評価してよい。

戒壇院東南の鋳造遺構

戒壇院南面の東側に接した地区では大型銅製品の鋳造遺構がみつかっている（前掲『東大寺防災施設工事・発掘調査報告書』）。鋳造土坑は一辺約七メートルの隅丸方形の穴で深さは約四メートルを測る。土坑の底部には長さ四メートルほどの角材や丸太材が井桁状に組まれ、その上には直径三メートルの円形石組みが三重・三段に積み上げられる。石組みの中心には径二〇センチの柱が立てられていた。土坑内で鋳造された銅製品を搬出するために土坑南辺には幅約三メートルの搬出坑が設けられている。この遺構が築かれた場所は大仏殿から西へ延びる丘陵の南斜面であり、この地形を利用して土坑の南壁を掘り下げて、鋳造した銅製品を南側へ搬出したと考えられる。

この鋳造土坑に伴う溶解炉二基が土坑の東西両側で検出されている。溶解炉は基底部だけしか遺存していなかったが、内径約二・七メートルの円形で、粘土ブロックを積み上げて焼成して構築されたらしい。溶解炉壁の厚さは基底部で五〇センチ程度とみられる。溶解炉跡の外側約二メートルの地点では、拳大ほどの礫を一メートル×三メートルの長方形の範囲内に集積した遺構が検出されている。この遺構は部分的に突き固められたようになっており、溶解炉に送風するた

図26　戒壇院東南の鋳造土坑（上・全景，下・内部，橿原考古学研究所提供）

めの鞴が設置されたと考えられる。ここでの発掘調査では計二組が検出され、風雨を避けるための覆屋《おおいや》がそれぞれに設けられていた。

この鋳造遺構の操業年代を決定づける資料はほとんど得られていないが、使用した銅が大仏鋳造に用いられたものと同じ長登産であること、戒壇院のすぐ東隣にあたっており、重要な施設に隣接した場所に火を使う鋳造施設をあえて設けたとは考え難く、戒壇院創建直前に廃棄されたと考えられることなどから、大仏鋳造後から戒壇院造営以前の稼働期間が考えられる。

また、鋳造遺構を構築するために整地された土層からは、唐招提寺下層遺構（天平十五年〈七四三〉の木簡を含む）で出土しているものと同じ形式の車輪紋軒丸瓦《しゃりんもんのきまるがわら》が一点出土している。これを辛国堂《からくにどう》に関わる遺物とする見方がある。

辛国堂

辛国堂は『東大寺要録』諸院章には「辛国堂気比明神《けひみょうじん》の巽の角に在り。辛国行者の住むところなり」とあり、『建久御巡礼記』（建久二年〈一一九一〉頃の成立）には古老の言い伝えとして、大仏殿の正面より東はもともと金鍾《こんしゅ》行者の所領であり、正面より西は辛国行者の分であったという。東大寺の絵図には気比明神の巽の角に「辛国の堂あり」と注記があって、大仏殿西廻廊から下ったところの松の木の根元に石が残っているという。大仏殿と戒壇院の中間地点に辛国堂があったとみられる。東大寺創建以前、金鍾行者すなわち良弁は上院地区を拠点として活動したが、その範囲は大仏殿より西方には及んでいなかったことになり興味深い。

大鐘を鋳造したか

話を戻すと、戒壇院地区の鋳造関係遺構から出土した遺物には銅・溶解炉片・鞴羽口などがあり、銅を分析した結果、錫一〇%・砒素二%が含まれており、長登産の銅を用いていたと考えられる。ここでは鋳型が出土していないためどのような製品を鋳造したかは不明であるが、鋳造土坑の規模から考えると大型の銅製品であることは間違いない。

この遺構を東大寺鐘楼の梵鐘（奈良時代・国宝）の鋳造遺構とみる考えが今のところ有力である（杉山洋『日本の美術第三五五号　梵鐘』至文堂、一九九五年）。「奈良太郎」の愛称で知られる梵鐘は高さ約三・九《メートル》、直径二・七《メートル》で、鋳造土坑の寸法にほぼ一致する。重さ二六《トン》にも及ぶ梵鐘を戒壇院からさらに高い位置にある鐘楼まで運搬するのはいかにも不合理であるようにも思われるが、伽藍が整備されていくなかで鋳造作業が建物から離れた場所に設定された可能性があり、先にふれた塔露盤の鋳造遺構が寺域北方（現在空海寺が所在する場所）でみつかったのも同じ理由によるものと考えられる。

大仏殿西廻廊隣接地の調査で検出された谷の延長部分は、戒壇院東方でも検出されている（前掲『東大寺防災施設工事・発掘調査報告書』）。この流路跡は幅約九メートル、深さ一・三メートルほどあり、埋土中からは木製品や有機物とともに二〇点以上の木簡が出土した。整地層には平城宮土器Ⅲ期頃（七三〇〜七五〇）の土器を含んでいる。

戒壇院東方の谷地形

木簡は大仏殿西廻廊隣接地出土のものと同じく銅の付札木簡が多く、大仏鋳造に関連する木簡とみてよい。ただしここで出土した銅付札は個人名を記載するものが比較的多い点が注目される。語人鳥《かたりのひととり》・壬生部万呂《みぶべのまろ》・出雲豊国《いずものとよくに》などの名がみえ、「奉」と釈読できそうな木簡もあることから、寄進された銅の付札とみるのも一案である。このほかに鋳造作業に関連するとみられる「左六竈」と書かれた木簡もある。「菩薩・巻・第」と習書された木簡もあるので、これらの木簡を廃棄したのは鋳造作業現場そのものではなく、現場を統括するような組織ではないかと考えられる。

唐禅院

唐禅院《とうぜんいん》は鑑真が来日して東大寺に入った時に造営された施設である。『東大寺要録』によれば戒壇院の北側に唐禅院を造ったということから、大仏池を挟んだ北側（現在宮内庁正倉院事務所がある場所）と考えられる。「東大寺寺中寺外惣

図27　唐禅院跡検出建物（橿原考古学研究所提供）

絵図」でもこの位置に「唐禅院　今ハ畠」と注記があり、南北二間、東西二間（正面は三間）の建物跡が描かれる。重源上人の『南無阿弥陀仏作善集《なむあみだぶつさぜんしゅう》』には唐禅院を再興したこともみえる。

　奈良時代の唐禅院については、天平宝字元年（七五七）十一月に勅によって備前国の墾田一〇〇町が東大寺唐禅院十方衆僧《じっぽうしゅうそう》供養料として施入されている（『続日本紀《しょくにほんぎ》』）。鑑真が唐招提寺を建立して東大寺を離れたのちも、唐禅院は弟子の法進《ほうしん》たちにより維持された。また「正倉院文書」には中山寺《なかやまでら》の屋三間は住人がなく破損するので、唐院（唐禅院）に遷し建てたいと（天平宝字六年）四月九日に上野真人《かみつけぬのまひと》が願い出た書状があり（『大日本古文書』一五―四五五）、別の「正倉院文書」には（天平宝字六年）四月中に唐院屋を遷し建てた功六〇人の記録があり（『大日本古文書』五―一九六）、中山寺にあった建物とは限らないが、どこかから建物を移築したらしい。

唐禅院の発掘調査

宮内庁正倉院事務所の施設建設に先立つ発掘調査では、区画施設となる柱列と南北棟掘立柱建物三棟を検出した。検出した遺構には重複関係がみられないので、建物群は建替えられることなく比較的早い時期（九世紀）に廃絶したらしい。

唐禅院の範囲は一辺一〇〇㍍《メートル》ほどの正方形である可能性が高く（『東大寺続要録《とうだいじぞくようろく》』に一町四方と記される）、唐禅院推定地西南隅から少し東側に東西方向の柱列とL字形に北へ曲がる柱列の区画があり、これら区画施設の北東側に掘立柱建物群が展開することがわかった。唐禅院の中心は現在の正倉院西宝庫南あたりと推定される（奈良県立橿原考古学研究所『奈良県文化財調査報告書第一一四集　東大寺旧境内―唐禅院跡推定地の発掘調査―』二〇〇六年）。

正倉院

寺宝を納める倉

「正倉院」というと誰もが奈良の正倉院を想起するであろうが、奈良時代には官衙《かんが》や寺院において主要な倉を「正倉」といい、倉のある区画を正倉院と呼んだ。したがって正倉院は東大寺のそれを示す固有名詞ではない。東大寺の正倉院は、大仏開眼供養会で使用した儀式用具・献納品を収蔵するために建設された(杉本一樹『正倉院—歴史と宝物—』中央公論新社、二〇〇八年)。正倉は礎石建ち瓦葺きで、北倉・中倉・南倉の三部屋に分かれて両端が校倉《あぜくら》、中央が板倉となっている。南北約三三㍍、東西約九・四㍍、床下の高さ約二・七㍍、総高約一四㍍を測り、現存する古代の倉庫のなかではずば抜けて規模が大きい。『東大寺献物帳《とうだいじけんもつちょう》』に記載のある光明皇太后奉納品が納められたのが北倉で、本来は北倉だけが勅封であった。長らく東大寺が管理をしたが、明治八年（一八七五）に内務省の管理となり、宮内省を経て宮内庁が管轄してすべて勅封となった。

正倉院は考古学的な調査がされていないため地下のことはわからないが、屋根に使用されていた奈良時代の瓦の分析から、正倉院所用瓦は荒池瓦窯製であることが判明している（岩永省三「正倉院正倉の奈良時代平瓦をめぐる諸問題」『正倉院紀要』三八、二〇一六年、芦田淳一「正倉院正倉屋根瓦の編年と資料的価値」『正倉院紀要』四二、二〇二〇年）。建築部材の年輪年代測定調査では、創建期の木材は伐採年代が西暦七五〇年以前と判断され、大仏殿と同じ頃に木材の調達が図られたといえる（光谷拓実「年輪年代法による正倉院正倉の建築部材の調査(3)」『正倉院紀要』三八、二〇一六年）。

現存する校倉

境内の発掘調査でみつかった創建期の総柱遺構（倉庫遺構の特徴となる）は、持宝院北側で検出した礎石建物（「食堂院」を参照）のみであるが、東大寺には現在も正倉院以外に数多くの古代・中世の倉が残っている（石田茂作『校倉の研究』便利堂、一九五一年）。

本坊経庫（国宝）は正面三間、奥行き二間の規模で、正面に扉一ヵ所がある。奈良時代の建築で、様式的には東大寺のなかで最古とされる。手向山八幡宮宝庫（重文）も本坊経庫と同じ正面三間、奥行き二間で、後世の修理部分が多いもののやはり東大寺では最古の時期である。勧進所経庫と法華堂経庫（ともに重文）は正面三間、奥行き三間の規模で、奈良時代末頃のものとみられている。

このほかに正倉院聖語蔵《しょうごぞう》がある。正面三間、奥行き二間の規模で、平安時代末〜鎌倉時代初期のものとみられている。聖語蔵は、応和元年（九六一）に創建された東大寺尊勝院の経蔵が経巻とともに明治二十七年に皇室に献納されたものである。

これらの倉のうち本坊経庫と手向山八幡宮宝庫は食堂北方の上司《かみつかさ》地区にあった油蔵《あぶらくら》（東大寺の印や文書を収めた蔵であり印蔵《いんぞう》とも呼ばれる）を移築したもので、西面する校倉二棟が南北に並んでいた。一つが正徳《しょうとく》四年（一七一四）に東南院（今の本坊）に移築され、さらに文政《ぶんせい》三年（一八二〇）にもう一つが手向山八幡宮に移築された。

油蔵とは別に、正倉院の西側に南北棟の校倉が東西に離れて相対して並んでいた（「東大寺寺中寺外惣絵図幷山林」）。これも一つは貞享《じょうきょう》四年（一六八七）に勧進所に移築され、もう一つも元禄《げんろく》九年（一六九六）に法華堂に移築された。

天平の大伽藍を掘る2

山の東大寺

上院地区

東大寺上院地区

大仏殿が立地する平地よりも東の丘陵地帯は上院《じょういん》地区と呼ばれ、二月堂《にがつどう》・法華堂《ほっけどう》・開山堂《かいさんどう》などが所在する。上院地区とその周辺は東大寺の前身寺院が存在したと古くから考えられている。「東大寺山堺四至図《とうだいじさんかいししず》」には南向きの「羂索堂《けんさくどう》」と西向きの「千手堂《せんじゅどう》」が描かれ、井戸の表現もみられる。二月堂は描かれていないが、天平勝宝《てんぴょうしょうほう》四年（七五二）に修二会《しゅにえ》が開始されているので存在していたはずである。

奈良時代の上院地区には不空羂索観音《ふくうけんさくかんのん》（法華堂）・千手千眼観音《せんじゅせんがんかんのん》（千手堂）・十一面観音《じゅういちめんかんのん》（二月堂）などが祀られ、現世利益を志向する観音菩薩《かんのんぼさつ》信仰の世界であった。奈良時代の

図28　二月堂（左）と法華堂（右）

観音信仰では、聖武《しょうむ》天皇が基王《もといおう》の病気平癒を願って一七七体の観音菩薩を造像したことが『続《しょく》日本紀《にほんぎ》』にみえ、基王が夭逝したのちに建立された山房《さんぼう》も観音菩薩と無関係ではなかっただろう。

本書のはじめの方でもふれたが、山房は智努王《ちぬおう》が造山房司長官に任命され、僧延福《えんぷく》が「山房解《さんぼうげ》」の木簡を皇后宮職《こうごうぐうしき》や平城宮《へいじょうきゅう》へ届けており、朝廷と密接な関係を保ちながら活動をしたようである。

「正倉院文書《しょうそういんもんじょ》」天平十一年（七三九）七月の「皇后宮職移案」には福寿寺《ふくじゅじ》・金鍾《こんしゅ》山房が併記されており（『大日本古文書』二―三五三）、福寿寺という寺院も山房と同じく皇后宮職のもとで活動していたことがわかる。森本公誠氏はこの福寿寺について、阿倍《あべ》内親王（孝謙《こうけん》天皇）立太子を機に天平十年三月頃に造営されたものとみる（『東大寺のなりたち』岩波書店、二〇一八年）。

上院地区は「山の東大寺」であり、観音菩薩が降臨するとされる補陀《ふだ》落山《らくせん》を意識したものである。上院地区は密教的《みっきょう》な要素が色濃く、開放的な「平地の東大寺」とはかなり異なる雰囲気である。しかし歴史を紐解いてみると、東大寺の前身寺院で信仰されていた経典は共通するものがあり、同じ思想のもとに伽藍《がらん》が造られたことがわかる。

『金光明最勝王経』と『華厳経』

上院地区を構成する諸仏は『金光明最勝王経《こんこうみょうさいしょうおうきょう》』（四天王《してんのう》など諸天善神の加護が得られる。『仁王経《にんのうぎょう》』『法華経《ほけきょう》』と共に国家鎮護の三部経）『不空羂索神変真言経《ふくうけんじやくしんぺんしんごんきょう》』に基づくものであるとされ、梶谷亮治氏によれば『不空羂索神変真言経』の伝来は、入唐僧で養老《ようろう》二年（七一八）の帰朝後に聖武天皇の仏教政策推進に大きな役割を果たした道慈《どうじ》による可能性も考えられるという（「奈良時代の東大寺―その造形によせて―」『東大寺ミュージアム開館記念特別展　奈良時代の東大寺』東大寺、二〇一一年）。聖武天皇が諸国に造営させた国分寺《こくぶんじ》・国分《こくぶん》尼寺《にじ》は『金光明最勝王経』と『法華経』を根本経典とし、天平十五年正月には四九日間にわたって『金光明最勝王経』の転読をおこなっている。

特に『金光明経』は七世紀から宮中で講説されており、天武《てんむ》五年（六七六）十一月二十日に「使を四方国に遣して、金光明経・仁王経を説く」、天武九年五月一日に「是日、始めて金光明経を宮中及び諸寺に説かしむ」、朱鳥《しゅちょう》元年（六八六）七月八日に「一百僧を請し、金光明経を宮中に読ましむ」、持統《じとう》六年（六九二）閏五月三日に「詔して京師及び四畿内をして、金光明経を講説せしむ」、持統八年五月十一日に「金光明経一百部を以て諸国に送置す。必ず毎年正月上玄に取りて読め。其の布施は当国官物を以て充てよ」とみえるように国家にとって重要な経典とされていた。『金光明経』が唐の義浄《ぎじょう》によって新たに漢訳されたものが、『金光明最勝王経』である。

良弁《ろうべん》は天平十二年十月八日、金鍾山寺に審祥《しんじょう》を講師として招いて『華厳経《けごんきょう》』講説をおこなっており（『東大寺要録《とうだいじようろく》』本願章）、『華厳経（大方広仏華厳経《だいほうこうぶつ》）』は東大寺前身寺院の時代から重視されていたことがわかる。『華厳経』は経典の教主が盧舎那仏《るしゃなぶつ》（太陽の輝きの仏であり、宇宙の真理を衆生《しゅじょう》に照らして悟りへと導く）であり、聖武天皇も天平三年九月に「雑集《ざつしゅう》」（正倉院宝物）のなかで「盧舎那像讃一首幷序」を書写しているので、大仏建立よりもかなり早い段階から『華厳経』や盧舎那仏に関する知識があったことは疑いない（森本公誠『東大寺のなりたち』岩波書店、二〇一八年）。上院地区での信仰の延長上に大仏殿地区があるといってもよい。

郭藉願力以鍾陰宿昔三空乗慧光而早悟讃
曰
仏界常寂法理湛然惟恍非實非權十住果無
等覚因圓随機應變不可言詮動於上玉情暴
悦儀自黒赤分丹青發誓地滿凝察乳儀永棋
幸護国之長指希浄邦之早契
盧舎那像讃一首 并序
夫法身非色為物而形百億閻浮威蒙示見七
處八會善誘人天等覚妙覚凝圓佛地諸位土
参相見李等君子温其如玉交朋刹而衒金石
家以孝道為先友于以仁譲推寂郷曲以之延
誉儕儕於是與能賢乎哉若人也奉為亡考敬
畫盧舎那像一鋪并八部等容圓滿疑慶寂滅
道場童子善才若入虚空法界香雲香蓋纏繞
蓋氤列衛尓臨熒煌肅穆乃為讃曰
蓮藏世界舎那如来因圓果滿端坐花臺坤用
無極樂説窮訣七處處往八會真開弥論百億
蝉矣悠哉妙入法界其惟善才仁人孝友純後
光前劬勞垂徳因拯昊天爰漸衣續敬像凝圓
冀當来之觀奉戴膝下之良縁
畫觀音菩薩像讃一首 并序
大哉觀音之為化也惟恍惟忽非色非空無縁
慈以救苦平等悲以與楽其應也即月斉而随
感其道也雖日用而不知山陰縣尉貫公名慎
良玉比徳清鏡臨人一同資以滅政百姓因而
易俗況渓達勿撓洞曉身滅茲二覧之發藤懐

図29　「雑集」（正倉院宝物）

奈良時代の悔過

悔過《けか》とは犯した罪を懺悔し許しを請うことで、本来は僧尼各自の所業を反省する作法であった。その功徳《くどく》を衆生に向けることで罪を消し、願いを叶える目的で朝廷の儀式にも取り込まれた。

上院地区では悔過法要が盛んにおこなわれ、十一面悔過・吉祥悔過《きちじょうけか》・阿弥陀悔過《あみだけか》などがおこなわれた。そのなかで十一面悔過は今も修二会として絶えることなく続けられ、東大寺を代表する法会の一つとなっている。また長らく法華堂に安置されていた吉祥天《きちじょうてん》・弁財天像《べんざいてん》（現在は東大寺ミュージアムに納められている）は上院にあった吉祥堂の本尊で吉祥悔過の礼拝対象となったものである。

法華堂

法華堂（三月堂）

上院地区の中央に位置する法華堂は三月堂《さんがつどう》の別称で親しまれているが、「羂索堂」が本来の呼称である。これは本尊が不空羂索観音菩薩立像であることによる。かつて周辺には僧房《そうぼう》・門など多くの施設があり羂索院とも称された。現在も法華堂の背後に北門（鎌倉時代）が残っている。この羂索堂は金鍾寺の一部とされ、『東大寺要録』諸院章では「天平五年歳次癸酉に創り建立するなり。良弁僧正《そうじょう》、不空羂索観音菩薩像を安置す。当像の後ろに等身執金剛神《しつこんごうしん》あり。是僧正の本尊なり」とし、良弁が天平五年（七三三）に創建したと伝える。『東大寺要録』本願章には、天平十八年三月十六日に良弁僧正が羂索院で桜会《さくらえ》（法華会）を開始したとあり、この法要をおこなうことから三月堂・法華堂の呼称がついた。

『東大寺要録』諸院章には「羂索院　名は金鐘寺。又号を改めて金光明寺とす。また禅院と云ふ」とあり、もと金鐘寺であったものが改称されて金光明寺となり、それが東大寺羂索院となったという。その一方で吉川真司氏は、法華堂は金光明寺金堂《こんどう》（本尊は丈六《じょうろく》仏《ぶつ》）ではあり得ず、福寿寺の堂宇の一つと想定した（「大養徳国金光明寺―その金堂をめぐって―」GBS実行委員会編『論集　東大寺の歴史と教学』東大寺、二〇〇三年）。法華堂の造営年代については、様々な議論が各方面からなされたものの決定的なものではなかった。天平前半までさかのぼらせる見解もあったが（太田博太郎『南都七大寺の歴史と年表』岩波書店、一九七九年）、不空羂索観音像の様式や天平十九年正月八日に金光明寺造物所が「羂索菩薩の光柄花蕚等の物を造らんがため」鉄二〇廷を請求していることから（『大日本古文書』九―三二六）、法華堂は東大寺創建とほぼ同じ天平二十年前後の創建とする見方が一般的であった。

法華堂の建築

法華堂は正倉院や転害門《てがいもん》とともに東大寺に残る数少ない奈良時代の建築で、二つの堂が接してならぶ「双堂《ならびどう》」と呼ばれる形式の建物である。

法華堂は、当初は寄棟造《よせむねづく》り瓦葺きの正堂（「堂一字　五間一面」）と檜皮葺《ひわだぶ》きの礼堂《らいどう》（「五間檜皮葺礼堂一宇」）が軒を接して建つもので、鎌倉時代初期に改築されて一つの建物となり現在の姿になっている。「東大寺山堺四至図」では南面する入母屋造《いりもやづく》り瓦葺き建物のようにみえるが、これは正堂のみを描いたのであろう。礼堂は奥行き二間の建物なので、奥行き四間の正堂とは棟の高さも異なっていたはずであり、現在の法華堂とはかなり印象が異なる外観だったと思われる。

法華堂の屋根に葺かれている奈良時代の瓦は「大伴」「土師」「日奉」「真依」「乙万呂」など瓦工の名を彫ったスタンプが捺された文字瓦である。恭仁宮大極殿《くにのみやだいごくでん》跡出土文字瓦にも同様のスタンプが捺されているので、同じ工人によって製作された瓦といえる。上原真人氏の分析によれば、法華堂の瓦は恭仁宮造営中の製作と考えられ、天平十二〜十五年頃に法華堂が造営されていたことになる（「恭仁宮文字瓦の年代」奈良国立文化財研究所創立三〇周年記念論文集刊行会編『文化財論叢』同朋舎出版、一九八三年）。しかしこの説は再考を迫られることとなる。

年輪年代測定法による建築部材の伐採年代

平成二十三年（二〇一一）から翌年にかけての須弥壇《しゅみだん》解体修理に伴って実施された建築部材の年輪年代測定で意外な結果が出た。年輪年代測定法とは、木の年輪幅が一年に一層ずつ重なっていく時の広狭の変動に着目し、年輪幅の変動データを蓄積することによって変動パターンの年表を作成し、それと照合することによって樹木の伐採年代を測定する技術である（『年輪に歴史を読む―日本における古年輪学の成立―』奈良国立文化財研究所学報第四八冊、一九九〇年）。滋賀県宮町《みやまち》遺跡（紫香楽宮《しがらきのみや》跡）から出土した柱根が西暦七四二〜七四四年の間に伐採されたものであることがこの測定法によって判明した。天平十四年（七四二）に紫香楽宮の造営を開始したとする『続日本紀』の記述とも一致し、その後の発掘でみつかった遺構や木簡によってその判定は確固たるものとなった。これ以外にも年輪年代測定法は仏像や建築の年代解明で多くの成果を上げており、樹皮に近い部分が残っていることが正確に測定する条件となるが、この方法によって導かれた結果は動かし難いといえる。

法華堂各部の部材について測定した結果、建物本体の部材は正堂の通肘木《とおしひじき》・間斗《けんと》の伐採年代が西暦七三〇〜七三一年（天平二〜三年）、須弥壇の部材は八角二重壇上段上中桟、上段天板の伐採年代が西暦七二九年（天平元年）であることが判明した（光谷拓実「東大寺法華堂・八角二重基壇の年輪年代調査」栄原永遠男・佐藤信・吉川真司編『東大寺の新研究一　東大寺の美術と考古』法蔵館、二〇一六年）。この分析結果は『東大寺要録』の天平五年創建の記述を裏づけるものであるが、屋根瓦の年代観との間に齟齬が生じている。法華堂の創建時期をめぐっては未解決の部分が少なくないが、天平はじめに造営が開始されたことはほぼ疑いなく、天平十二年以降から金光明寺となった頃に恭仁宮式の瓦が葺かれるようになったとみるのが妥当ではないだろうか。

造営当初の法華堂

最初に記したように、法華堂の正堂・礼堂の屋根がつながっているのは鎌倉時代の大改造によるものである。『東大寺要録』によればそれ以前は双堂形式であったことがわかる。現状では正面（南面）に礼堂屋根の妻部分がみえているが、創建当初はそれぞれ別棟で屋根構造も異なり、東西棟の屋根が南北に並んでいた。

須弥壇解体修理に伴う床下の発掘調査では、西に下がる斜面地の地山を掘削して平坦面を造成して建立したことが明らかになった（青木敬・大西貴夫・須藤好直「法華堂の発掘調査」前掲『東大寺の新研究一　東大寺の美術と考古』）。当初の法華堂は山の西斜面に建つ堂舎であった。

法華堂南側や西側の発掘調査では奈良時代の整地層を確認し、多量の土器が出土している（奈良県教育委員会編『東大寺防災施設工事・発掘調査報告書』東大寺、二〇〇〇年）。この整地層から出土する土器は造営の時期を示すものとなるが、出土量が少ない。このため断定はできないが、土器編年の平城宮土器Ⅲ期新段階（七四五〜七五〇）頃とみられ、天平初年頃にはさかのぼらないらしい。一つの可能性として、法華堂創建後のある時期（例えば金光明寺に改められた頃）に西側広場が整地されて廻廊などが整備されたことが考えられる。整地層の下には創建時の旧地表や遺構が眠っているかもしれない。

堂内の諸仏

法華堂の本尊である不空羂索観音と八角須弥壇は、一具のものとして造られたことが須弥壇の解体修理から判明している。すなわち法華堂の不空羂索観音は客仏ではなく、法華堂造営当初から一体のものとして製作されたのである。また須弥壇上には当初は開放型の宝蓋《ほうがい》が設置されていたことが判明している。さらに須弥壇上面には八角形の仏像台座痕跡や長方形の何かを設置した痕跡も残っていた。痕跡の形状や寸法から判断して、不空羂索観音の周囲には日光《にっこう》・月光《がっこう》菩薩《ぼさつ》像のほか、現在は戒壇堂《かいだんどう》に安置される四天王像《してんのうぞう》、八角須弥壇背面の厨子《ずし》内に安置される執金剛神像《しつこんごうしんぞう》の塑像《そぞう》群が配置されていたらしいことが判明した。さらに須弥壇の周囲（外陣《げじん》）は現在のような土間ではなく床が張られていたことも明らかになっている。

こうして知られた当初の法華堂の堂内諸像は『金光明最勝王経』『不空羂索神変真言経』『不空羂索陀羅尼《だらに》経《きよう》』に基づくものであるとされ（梶谷亮治「奈良時代の東大寺―その造形によせて―」『東大寺ミュージアム開館記念特別展　奈良時代の東大寺』東大寺、二〇一一年）、須弥壇の周囲に配置されていた大型乾漆像《かんしつぞう》の梵天帝釈天《ぼんてんたいしやくてん》・金剛力士《こんごうりきし》・四天王像は後世に別の堂から搬入されたもので図像からみて鑑真《がんじん》来朝以後の制作と推定されている（奥健夫「東大寺法華堂諸尊像の再検討」前掲『東大寺の新研究一　東大寺の美術と考古』）。

薬師寺《やくしじ》僧景戒《けいかい》が編纂した『日本霊異記《にほんりょういき》』中巻には、羂索堂の執金剛神像の説話が登場する。

執金剛神像

摂《せっ》の神王《じんおう》の蹲《こむら》より光を放ち奇《めずら》しき表《しるし》を示し現報を得る縁　第二十一

諾楽の東の山に、一つの寺有り。号《なず》けて金鷲《こんす》と曰ふ。金鷲優婆塞《うばそく》、斯の山寺に住し、故れ以て字とす。今東大寺と成る。未だ大寺を造らざる時、聖武天皇の御世に、金鷲行者、常住して道を修す。其の山寺に一つの執金剛神の摂像を居《す》ふ。行者、神王の蹲に縄を繋《か》けて之を引き、願ひて昼夜に憩はず。時に蹲より光を放ち、皇殿に至る。天皇驚き怪しびたまひ、使を遣して之を看しむ。勅信、光を尋ねて寺に至る。見れば一の優婆塞有りて、彼の神の蹲に繋けたる縄を引きて、礼仏悔過す。信《つかい》、視て遄《すみや》かに還りて、状を以て之を奏す。行者を召して詔《みことの》りたまはく「何事をか求めむと欲ふ」とのたまふ。答へて曰く「出家して仏法を修学せむことを欲ふ」といふ。勅して得度《とくど》を許したまひ、金鷲を名とす。彼の行を誉めて、供する四事、乏しき時無からしむ。世の人、其の行を美《ほ》め讃へて、金鷲菩薩と稱《い》ふ。彼の光を放ちし執金剛神の像、今東大寺の羂索堂の北の戸に立てり。賛《さん》に曰はく、「善きかな、金鷲行者。信の熌《ひきりび》を東春に攢《き》り、熟火を西秋に炬《た》く。蹲の光、感火を扶け、人皇惧みて瑞を験す。誠に知る、願として得不ること無し」とは、其れ斯れを謂ふなり。

金鷲行者（良弁）が信仰した執金剛神像が羂索院北戸に立つとあるので、『日本霊異記』の記述は実際と矛盾しない（ただし良弁はすでに得度していたはずであり、優婆塞とするのはおかしい。また執金剛神像は単独像ではなく不空羂索観音の周囲に配された塑像群のなかの一体である）。この説話からは、良弁と執金剛神像・羂索院を結びつける考えが、『日本霊異記』が編纂された九世紀はじめには一般的だったことが知られ、羂索堂と良弁の深い関係や東大寺の前身寺院という位置づけは奈良時代から認識されていたとみてよい。なお、執金剛神像は秘仏であり毎年十二月十六日の良弁忌の時だけ拝観することができる。

二月堂

二月堂（観音堂）

お水取りで有名な二月堂《にがつどう》は法華堂北側の斜面中腹にある舞台造り《ぶたいづく》り（懸造《かけづく》り）の仏堂で、別名を観音堂《かんのんどう》といい十一面観音菩薩を本尊とする。『東大寺要録』諸院章によると二月堂は実忠《じっちゅう》が創草したもので「三間二面庇《ひさし》瓦葺二月堂一宇」とあり、修二会が創始された当初は三間四方の小規模な堂であった。現在の二月堂は寛文《かんぶん》九年（一六六九）の再建であるが、内陣《ないじん》の周囲は一段低い土間となっており礼堂や局《つぼね》とは区別されている。これは創建当初が小さな観音堂だった名残りである。のちにこの堂を内陣として、正面に礼堂、左右と奥に局、礼堂の外側に舞台と次第に拡張されて現在の姿になっている。これらの改造は平安時代以降の観音信仰の流行によって二月堂が拡張されたものであり、時代とともに建物や法会の規模も変化をしているらしい。

秘仏十一面観音

二月堂の本尊の十一面観音立像は絶対秘仏で、練行衆《れんぎょうしゅう》であってもみることができない。寛文七年（一六六七）二月十三日の修二会の最中に二月堂が焼失したのちに、岩盤の上に立つ十一面観音像が傷一つなく残っていたという（『二月堂修中練行衆日記』）。岩を補陀落山にみたて、その上に十一面観音を安置したものであることがわかる。この十一面観音は火災後すぐに覆われて再び絶対秘仏となってしまったが、光背《こうはい》（円光《えんこう》・身光《しんこう》）や天衣の破片が公開されており、これにより十一面観音が等身の金銅仏であることがわかる。光背の両面に線刻画があり、その世界観を知ることができる。身光表側は補陀落山において観音菩薩が千手観音に変化する様を表し、裏側には天界や須弥山《しゅみせん》、地獄を表している。

修二会の後半（下七日）で本尊となる小観音は、この大観音とは異なり厨子に入れられ移動可能なもので、上七日の間は大観音の背後に安置される。こちらも絶対秘仏であり、厨子を開けて拝することは許されていない。

奈良国立博物館が所蔵する『類秘抄《るいひしょう》』（寛信《かんしん》編、保安《ほうあん》四年〈一一二三〉）の写本には、中央面を四段重ねた小観音の全身が描かれたものがあり、その姿をうかがうことができる

（『特別陳列 お水取り』奈良国立博物館、二〇一六年）。高野山《こうやさん》に伝来する『覚禅鈔《かくぜんしょう》』（覚禅撰述）の写本にも、小観音像の全身が描かれ、さらに大観音とみられる十一面観音の頭部も描かれている。いずれも中央面を四段重ねた独特の像である。

実忠による修二会の創始

実忠は天平勝宝四年（七五二）～大同《だいどう》四年（八〇九）まで十一面悔過に奉仕したという（『東大寺要録』雑事章「実忠二十九ケ条」）。十一面悔過とは、十一面観音に懺悔をすることにより現世利益を祈願するものである。この頃の修二会は規模の小さな観音堂の中央須弥壇に十一面観音を安置し、その周囲で練行衆が行法をおこなったと考えられる。

修二会は毎年二月におこなわれ、治承《ちしょう》四年（一一八〇）の被災時なども「不退の行法」として続けられた。このように毎年欠かさず催される修二会は、時代とともに少しずつ変化している部分もある。古密教の所作がみえ、また神仏習合の影響を受けるなど、複雑な要素によって行法がなりたっている。修二会に使用される堂舎は二月堂のほかに閼伽《あか》井屋《いや》・食堂《じきどう》・参籠宿所《さんろうしゅくしょ》・仏餉屋《ぶっしょうのや》・湯屋《ゆや》などの付属施設がある。それぞれが修二会のなかで重要な役割を持つ施設であり、このなかで本格的な発掘調査を受けたのが仏餉屋である。

二月堂仏餉屋

仏餉屋は二月堂の登廊を下った参籠宿所の南西にあり、供え物の食事をつくるための建物である。寺内では「御供所《ごくしょ》」と呼ばれる。現在の建物は鎌倉時代の建築で、昭和五十八年（一九八三）の解体修理時に地下遺構の発掘調査をおこない、掘立柱建物二棟・礎石《そせき》建物一棟・溝・石敷道路を検出した。これらの遺構は調査当時、東大寺創建以前のものではないかと注目されたが、平成二十五～二十七年（二〇一三～一五）の再検討により東大寺創建以後の遺構であることが確定した。

遺構は大きくⅠ～Ⅳ期に分けることができ、Ⅰ期の掘立柱建物・溝は八世紀後半～九世紀前半、Ⅱ期の土坑（掘立柱建物は廃絶）は九世紀前半～中頃、Ⅲ期の掘立柱建物は一一世紀後半～一三世紀前半以前、Ⅳ期の石敷道路は掘立柱建物廃絶後の一三世紀前半以降である。重複して建つ二棟の掘立柱建物のうち、古い時期のものが八世紀後半から九世紀初頭以降の東西棟建物、新しい時期のものは一一世紀後半～一二世紀初頭以降の南北棟建物で現存仏餉屋の前身となる（鈴木一議「東大寺二月堂仏餉屋下層遺構の再検討」前掲『東大寺の新研究1　東大寺の美術と考古』）。

修二会との関係を考えてみると、二月堂参籠宿所は一一世紀後半頃この場所に設けられたとみられ、現在の仏餉屋の前身となる建物が一一世紀後半～一二世紀初頭に造られたこと対応している。発掘の成果から一一世紀後半頃から現在のような付属施設の使われ方が始まったとみてよい。二月堂内陣に礼堂が付加されたのが一二世紀前半、三面廂が造られたのが一三世紀前半、局が設けられたのが一四世紀前半というように、二月堂とともに周辺建物も次第に拡大していったらしいことが発掘調査からうかがわれる。

仏餉屋下層遺構に伴う古い時期の遺物として、墨書土器・三彩軒平瓦《のきひらがわら》・二彩釉水波文《ゆうすいはもん》塼《せん》・三彩陶器片などが出土している。特に二彩釉水波文塼は『阿弥陀悔過資財帳《あみだけかしざいちょう》』に記載される宝殿一基の一部とする解釈があり、天平十三年（七四一）に存在していた阿弥陀院が付近にあったことを示唆するものとして注目されている（高橋照彦「東大寺前身寺院に関する試論」『鹿園雑集』五、二〇〇三年）。この二彩釉水波文塼は神護景雲《じんごけいうん》元年（七六七）の「阿弥陀悔過料資財帳」（『大日本古文書』五―六七一）にみえる「宝殿」の一部と想定されている。この宝殿は八角形の漆塗り、高さ約四・八メートルの大型厨子で、二重基壇《きだん》の上階は「池磯敷瑠璃《るり》、池辺着金銅鏤《こんどうる》臂金、幷画飛菩薩《ひぼさつ》等形」であった。仏餉屋下層遺構から出土した二彩波文塼は水面の波の様子を線刻して緑・白色の釉薬《ゆうやく》を施したもので、この宝殿基壇上に敷き詰められたものである可能性もありえる。

仏餉屋下層遺構から出土する軒瓦には東大寺式軒瓦と東大寺式成立以前の軒瓦とがある。

図30　三彩軒平瓦（東大寺所蔵）

図31　二彩釉水波文塼（東大寺所蔵）

東大寺式軒瓦は仏餉屋下層遺構やその周辺で用いられたものである（原田憲二郎「仏餉屋下層遺構出土の東大寺創建以後の瓦」前掲『東大寺の新研究一　東大寺の美術と考古』）。一方、東大寺式軒瓦成立以前のものは平城宮式軒瓦（法隆寺《ほうりゅうじ》東院《とういん》や法華寺《ほっけじ》下層などでも用いられた）で天平元年～天平勝宝元年（七二九～七四九）頃のものと考えられる（石田由紀子「仏餉屋下層遺構出土の東大寺創建以前の瓦」前掲『東大寺の新研究一　東大寺の美術と考古』)。軒平瓦六六九一Aは天平七年の法隆寺東院以後、天平十二年の恭仁京遷都まで用いられたと考えられている。したがってこの型式の瓦が用いられた建物は天平十年前後のものということになり、金鍾寺や福寿寺などの一部と考えられる。

吉川真司氏は、福寿寺が皇后宮職によって造営され天平十三年頃には完成したとみられることから、天平十三年三月完成の阿弥陀堂《あみだどう》を福寿寺の中心伽藍の一つと考え、上院地区に存在した前身寺院は福寿寺であると推測している(吉川真司「東大寺の古層—東大寺丸山《まるやま》西遺跡考—」『東大寺成立過程の研究』二〇〇一年)。

閼伽井屋

現在の閼伽井屋は鎌倉時代のもので、修二会中の三月十二日深夜に「若狭《わかさ》井《い》」と呼ばれる井戸から香水《こうずい》(十一面観音に御供えする水で、二月堂内陣須弥壇下に置かれた香水壺に納められた)を汲む「お水取り」がおこなわれる場所である。練行衆以外は一切の立ち入りが禁止され内部は公開されていないが、閼伽井屋のなかには二つの井戸があることがわかっている(『重要文化財東大寺法華堂経庫修理工事報告書』奈良県文化財保存事務所、一九六四年)。

「東大寺山堺四至図」には大湯屋池につながる谷の水源として羂索堂の北側に井戸が描

かれている。ここが閼伽井屋にあたる場所で、この閼伽井は東大寺創建時から香水を汲む特別な井戸として意識されたようである。

山に残る寺・堂の痕跡

千手堂(銀堂)　「東大寺山堺四至図」では、羂索堂の南東側に西向きの堂舎が描かれ「千手堂」と注記されている。この千手堂は『東大寺要録』にも記載があり、これによると千手堂は五間四面庇瓦葺きで、内部には千手観音一体、玉粧の塔《とう》一八〇基、屏風仏像三枚などが安置されていた。本尊が千手観音であることから千手堂と称されたが、等身（丈六）の銀盧舎那仏像一体も置かれたことから「銀堂」の別称がある。銀盧舎那仏は千手堂の本尊ではなく別の仏堂（丈六堂か）から搬入された客仏であり、大仏建立以前の金光明寺金堂に安置されたものである可能性が高い（堀池春峰『南都仏教史の研究上〈東大寺篇〉』法蔵館、一九八〇年）。

千手堂の創建年代は不明だが「東大寺山堺四至図」に描かれていることから考えて、創建時にはすでに存在していた仏堂の一つであったと思われる。銀盧舎那仏は『東大寺要録』本願章が引用する「延暦僧録《えんりゃくそうろく》」勝宝感神聖武皇帝菩薩伝に「造寺別当《べっとう》に命じて等身銀像一体を造る」とあり、聖武天皇発願の仏像とみられる。この盧舎那仏は有名であったらしく、治安《ちあん》三年（一〇二三）十月に藤原道長《ふじわらのみちなが》が東大寺に参詣した際、銀堂に立ち寄って参拝している（『扶桑略記《ふそうりゃくき》』）。それによると銀盧舎那仏は破損がひどく、半分ほどが盗賊に穿《うが》ち取られるあり様だったという。

　十八日。早旦。大仏を礼し奉る。又寺内東に去ること五六許町、山上に堂有り。これを銀堂と謂ふ。堂中、銀丈六盧舎那仏像を安んず。蓋《けだ》しこれを以て堂号と為す也。破損殊に甚し。銀像の過半賊に穿取さる。衆人私《ひそ》かに相ひ語りて云く、此の仏、鎖籠の構《かまえ》無きに非ず、此の堂守護の司無きに非ざるに、頻りに偸児《とうじ》の手入る。鎖固無きが如し、と。或は以て弾指《だんし》し、或は以て流涕《りゅうてい》す。仍《よ》りて威儀師《いぎし》鴻助《こうじょ》を召し仰せて云く、此の仏此の堂哀愍《あいびん》すべし。且つ材木等の支度を勘申せしめよ。料物に至りては、申請に随ひて宛て給ふべし、と。又陪従《べいじゅう》の人々の知識に示して各の銀一両を加ふべき由、定め仰せられ了ぬ。則ち御餌嚢銀鋺一器を召し、且つ鴻助に預くること已に了ぬ。巡礼の後、大門の下に於て、御馬一疋《ひき》僧正に投ぜらる。

千手堂は治承四年（一一八〇）に焼失したのちは再建されていない。手向山八幡宮《たむけやまはちまんぐう》の裏手には法華堂や八幡宮の立地する面よりも一段高い場所に南北に長い平場があり、「東大寺山界四至図」に描かれた羂索堂との位置関係などから、この場所に千手堂が立地した可能性が極めて高い。ただし現状では基壇などの存在をうかがわせる土壇《どだん》などは確認できないので、遺構がどの程度残っているのかは不明である。

法華堂周辺の発掘調査では三彩の施釉された軒丸瓦が二点出土している。瓦当文様《がとうもんよう》や出土場所から考えると法華堂所用瓦ではないため、千手堂で使用されて周囲に散った瓦の一部と推定される。また法華堂西側にある旧絵《え》馬堂《まどう》の発掘調査では二彩波文塼が出土しており、二月堂仏餉屋の調査成果とも合わせて考えると、上院地区には三彩軒瓦や施釉塼などで荘厳《そうごん》された堂舎が存在したことがうかがわれる。金鍾寺や福寿寺がそれにあたると推測されるが、東大寺前身寺院の歴史は不明な点が多く、その片鱗をわずかにみせるのみである。

東大寺丸山西遺跡

講堂《こうどう》地区から東を見上げたところにある山は「丸山《まるやま》」と呼ばれ、その西斜面中腹には広大な平場がある。地形からみて、かつてそこに

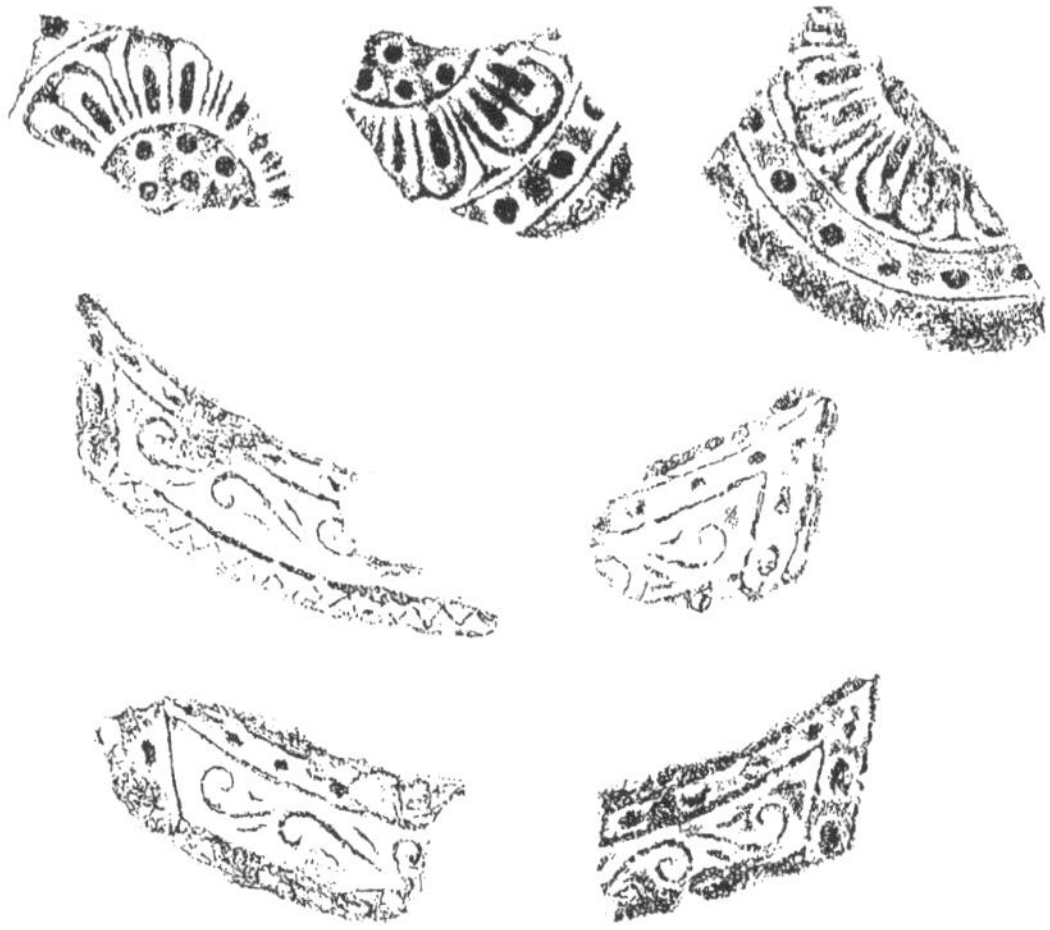

図32　丸山西遺跡出土瓦拓本（『東大寺成立過程の研究』2001年）

伽藍が存在したことは明白であるが、これまであまり注目されてこなかった。吉川真司・菱田哲朗両氏による現地調査で南北九〇メートル、東西五〇メートルの広大な平坦地を確認し、奈良時代の瓦を発見した（『東大寺成立過程の研究』平成十年度～平成十一年度科学研究費補助金（基盤研究（C）（2））研究成果報告書、二〇〇一年）。これにより丸山西遺跡は東大寺創建前の寺院として一躍脚光を浴びるようになった。

丸山西遺跡でみつかった軒瓦は、興福《こうふく》寺《じ》創建伽藍に使用されたのちに平城宮やほかの寺院などで採用されたいわゆる「興福寺式軒瓦」が主体である（菱田哲郎「東大寺丸山西遺跡と興福寺式軒瓦」前掲『東大寺成立過程の研究』）。これらは東大寺創建以前の軒瓦であることから、ここに築かれた伽藍も東大寺前

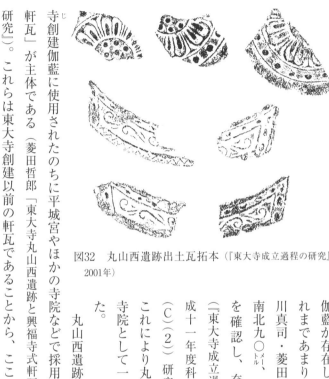

身寺院の一つと考えられる。丸山西遺跡で採集された興福寺式軒瓦の特徴は「寺系」軒丸瓦と「宮・京系」軒平瓦がセットとなることである。興福寺で出土するものは「寺系」と呼ばれ、平城宮東院や左京一条三坊で出土する「宮・京系」と呼ばれるグループとは区別される。丸山西遺跡から出土するこれらの瓦は、製作技法や笵傷《はんきず》のつき方から八世紀第二四半期に属するものと考えられている。

吉川真司氏は、丸山西遺跡を山房・金鍾寺跡、上院地区については福寿寺跡と推定した（「東大寺の古層」『南都仏教』七八、二〇〇〇年）。上院地区から出土する瓦は天平十年（七三八）前後のものとみられることから、まず上院地区をその頃に造営された福寿寺にあてた。そして丸山西遺跡で出土する軒瓦が養老五年（七二一）〜天平初頭頃の時期に生産されたとみられることから、丸山西遺跡を山房・金鍾寺にあてている。

金鍾寺の所在地はどこか

では金鍾寺の所在地は、『東大寺要録』の主張する上院地区なのだろうか、それとも丸山西遺跡なのだろうか。『東大寺要録』では本願章・諸院章ともに一貫して羂索院を古《いにしえ》の金鍾寺とし、『日本霊異記』中巻の金鷲行者の記事も上院地区を創建の地とする考え方に与するものである。吉川・菱田両氏の説に従って金鍾寺の創建場所を丸山西遺跡とすれば、相当に早い段階（平安時代初期以前）に創建場所の伝承が丸山西地区から上院地区へ変わっていたことになり、やや納得しがたい。

吉川氏の説は確かに合理的であるが、「東大寺山堺四至図」では丸山西遺跡の場所に注記が一切ない点が気になり、また『東大寺要録』には不思議なことに福寿寺に関する記述が一切みられない。なお、「東大寺山堺四至図」では丸山西遺跡の麓に「経房《きょうぼう》」の注記がある。東大寺写経所《しゃきょうじょ》の前身は福寿寺に付属する写経所であるので、経堂が南北堂から東西堂へと移転した事実はあるにせよ（渡辺晃宏「金光明寺写経所の研究」『史学雑誌』九六―八、一九八七年）、素直に考えて福寿寺そのものの所在地もこの近くに求めることができるのではないだろうか。

こうして考えると丸山西遺跡を福寿寺、上院地区を金鍾寺にあてることになり、吉川・菱田両氏とは反対の考え方となる。両氏の説は考古学的な要素を重視したものであるが、出土瓦の年代以外に丸山西遺跡と金鍾寺とを直接結びつける根拠は絶対的なものではなく、瓦の製作年代をもって寺名比定までおこなうことには躊躇してしまう。上院＝福寿寺とすると、年輪年代測定法によって明らかになった天平初年頃という法華堂の造営開始年代は早過ぎであり、先に述べたように『東大寺要録』や『日本霊異記』の記載から上院＝金鍾寺とする考え方も十分に成立すると考える。

丸山西遺跡が東大寺創建以前を考えるうえで重要な遺跡であることは疑いない。寺名比定は非常に難しい問題であり明快に断じることはできないが、今後の研究の進展に注目してほしい。

なお、丸山西遺跡付近に比定される中山寺《なかやまでら》・上山寺《かみやまでら》は天平宝字《てんぴょうほうじ》年間（七五七〜七六四）に衰退し、藤原仲麻呂《なかまろ》はそれらの堂舎を鑑真のために東大寺唐院《とういん》（唐禅院《とうぜんいん》）へ移築しようとした。しかしそれに対し、良弁・孝謙《こうけん》太上天皇・道鏡《どうきょう》はそれを契機に復興を進めたらしい。当時の政局は東大寺に多大な影響を及ぼしたが、中山寺・上山寺についても同様に政治上の対立が関係していることを栄原永遠男氏が指摘している（「東大寺の諸堂」前掲『東大寺の新研究一　東大寺の美術と考古』）。

天地院

東大寺創建以前の寺院は金鐘寺や福寿寺のほかに行基《ぎょうき》が創建したと伝えられる天地院《てんちいん》がある。『東大寺要録』には、行基法師《ほうし》が和銅《わどう》元年（七〇八）二月十日に伽藍を造営し天地院としたとある。和銅二年三月十五日に供養がおこなわれているので、その頃の完成と考えられる。のちの「正倉院文書」にみえる「上山寺」に該当するとされる（前掲吉川真司「東大寺の古層」）。

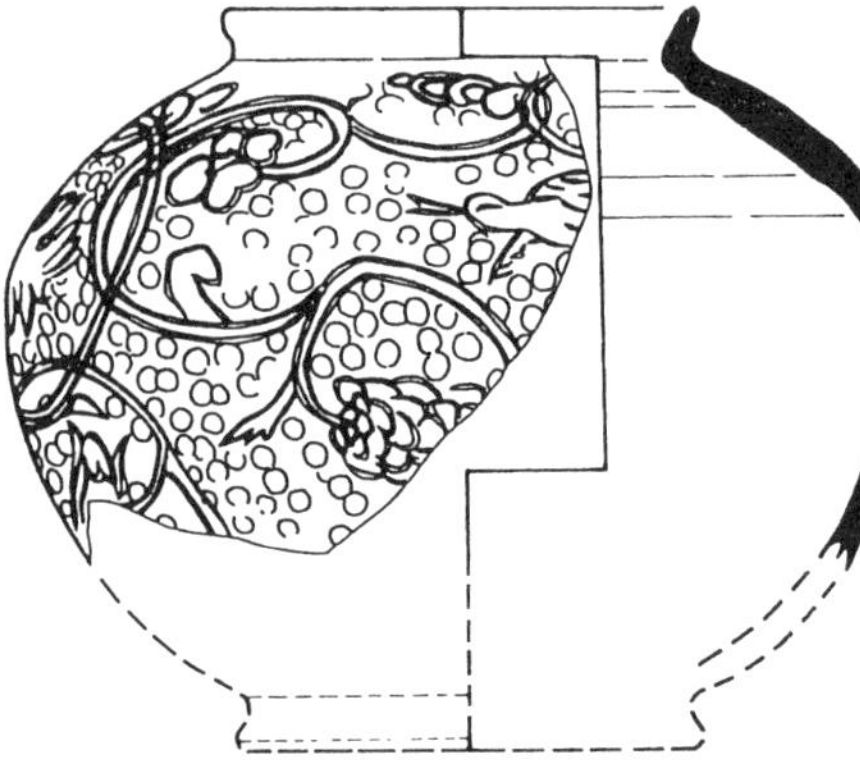

図33　天地院推定地出土短頸壺実測図（奈良県立橿原考古学研究所編『東大寺防災施設工事・発掘調査報告書』東大寺，2000年）

『東大寺要録』の記述によれば天地院には複数の檜皮葺き堂が存在したらしいが、天喜《てんき》元年（一〇五三）九月に焼亡している。シカゴ美術館所蔵「天地院縁起絵」には数多くの房舎が描かれ、現地比定も試みられているが、この絵図は鎌倉時代の成立であり、奈良朝の堂舎配置がどのようなものであったのかはわからない。

大仏殿裏の東西方向の道を東へ進んだ山頂近いところに天地院跡と伝えられる平場があり、発掘調査がおこなわれ、平場の南端で三間×三間の塔跡が検出された。塔跡は推定基壇高約一・八メートル、基壇の平面規模は上面で一辺約一二メートル、基底部で一辺約一八メートルあり、山土を互層積みして基壇を構築している。基壇外装は確認されなかった。瓦の散布がないことから檜皮葺きの塔と考えられる。出土遺物から、奈良時代の創建で鎌倉時代頃に再建あるいは修理がおこなわれたと判断される（前

掲『東大寺防災施設工事・発掘調査報告書』）。

天地院推定地の南斜面では平城宮式軒丸瓦や葡萄唐草文須恵器短頸壺《ぶどうからくさもんすえきたんけいこ》などが出土した。短頸壺は高さ一二チセンで、体部全体にわたって唐草文のなかに花・葡萄・飛鳥が線刻され、隙間は魚々子《ななこ》状に円文《えんもん》で埋められる。こうした文様構成は唐代の金属器の影響を色濃く受けたものである。この地区の調査では、このほかに七世紀末〜九世紀頃の土器が多く出土しているので、『東大寺要録』に書かれるように創建が東大寺よりさかのぼる可能性が高い。

その他の東大寺関連寺院・施設

頭　塔

奈良市高畑町《たかばたけちょう》にある頭塔《ずとう》は周囲に石仏がめぐらされていることでよく知られている。しかし東大寺境内から遠く離れているため、東大寺に関連する遺跡であることを知る人は意外と多くない。頭塔は神護景雲元年（七六七）に東大寺僧実忠が造営したものである。『東大寺要録』におさめられている「東大寺権別当実忠二十九ケ条」には、良弁の命によって新薬師寺の西に塔一基を造営したことが記されている。頭塔の名称は、僧玄昉《げんぼう》の首を埋めた塚《つか》という言い伝えからついたものと説明されることが一般的だが、「どとう」が転訛して「ずとう」となったのが真相であるらしい。

頭塔は発掘調査が重ねられ、その全容が明らかにされている。調査結果によると、頭塔は基壇長が一辺三二メートル、総高約一〇メートルの規模で、七段の偶数段には石仏が載っている。石仏の上は瓦葺きの屋根で覆われ（奇数段上面に屋根が載る）、最上部では心柱《しんばしら》の痕跡や炭化物・漆喰《しっくい》などが検出されていることから最上層は木造瓦葺き建物が存在した五重塔と考えられている。出土する軒瓦は重圏文《じゅうけんもん》と東大寺式とがあり、東大寺僧実忠が造立した土塔《どとう》であることは確実である。

二時期の頭塔

発掘調査の結果で興味深いのは、下層頭塔の存在が判明したことである。下層頭塔は第二段まで確認されており、当初は三重塔として造営が計画されたが、完成する前に設計変更となり上層頭塔が造られた。下層頭塔の規模は基壇が一辺約三二メートルで、第一段は一辺約二一メートル、第二段は一辺約一三メートルあり、第一段の高さは三・一メートルあるので、上層頭塔とはかなり様子が異なる。下層頭塔の造営時期は『正倉院文書』の天平宝字四年（七六〇）三月九日付「造南寺所解」（『大日本古文書』四―四一一）の記述から天平宝字四年頃と推測されている。造南寺所は造東大寺司下の組織とみられ、「右、東大寺南朱雀路に当り壊平する墓の鬼霊のために奉写する仏頂経一巻、用度料請ふところ件の如し」とあり、東大寺の南方において造営工事中に古墳を破壊したため供養のために経巻を写したことがわかる。下層頭塔の下から発見されている古墳がこれに該当するとみられる。

下層頭塔は造香山薬師寺所《ぞうこうぜんやくしじしょ》による造営、上層頭塔は実忠による造営とみられる。下層頭塔から上層頭塔への改造は構造的欠陥を克服したほか、塔の造立構想に関わって『華厳経』に『法華経』の要素が付加されるという宗教的な変更があったと推定されている（『史跡頭塔発掘調査報告』奈良文化財研究所学報第六二冊、二〇〇一年）。

新薬師寺

新薬師寺は頭塔の東方にある寺院で「東大寺山堺四至図」の南端に単層七間の瓦葺き建物が描かれている。『東大寺要録』本願章によると天平十九年（七四七）三月に光明《こうみよう》皇后が天皇の病気平癒を祈願して九間の仏殿《ぶつでん》を造営して七仏薬師像を祀ったものである。新薬師寺は『東大寺要録』末寺章の冒頭に掲げられ、

新薬師寺　亦名香薬寺

　仏殿九間　在七仏浄土七軀

右寺仁聖皇后之建立也。実忠和尚《かしよう》西野建石塔。為東大寺別院《べついん》云々。宝亀《ほうき》十一年庚申。

新薬師寺金堂講堂西塔焼失了。

とある。この寺を造営したのが造東大寺司《ぞうとうだいじし》の下で活動した「造香山薬師寺所」であり、天

平宝字六年やその翌年も造営を続けていた（『大日本古文書』五―一二五・一八八・三七五など）。

新薬師寺は宝亀十一年（七八〇）落雷により西塔が焼失し（『続日本紀』）、さらに応和《おうわ》二年（九六二）八月三十日に台風で七仏薬師堂《しちぶつやくしどう》と数棟の雑舎が損壊し（『日本紀略《にほんきりやく》』）、次第に規模が縮小した。十二神将像《じゅうにしんしょうぞう》で有名な現在の新薬師寺は金堂などが被災したのちの鎌倉時代に貞慶上人《じょうけいしょうにん》によって再興されたもので、創建当初の伽藍の中心から東へ約一五〇メートル離れた場所にある。ただし、現本堂は奈良時代の建築である。

平成二十年（二〇〇八）から四年間にわたっておこなわれた奈良教育大学構内の発掘調査では、二上山《にじょうさん》産の凝灰岩製壇正積《だんじょうづ》み基壇の地覆石《じふくいし》・延石・雨落ち溝・礎石据え付け痕を検出し、正面一三間（約六〇メートル）、奥行き四～五間（約一六～二一メートル）の礎石建物に復元された（『新薬師寺旧境内―奈良教育大学構内遺跡の埋蔵文化財発掘調査報告書―』奈良教育大学、二〇一二年）。正面の階段は中央一一間分の幅で東西約五二メートルあったらしい。屋根瓦は興福寺式軒瓦と東大寺式軒瓦が出土しており、東大寺と同じく荒池《あらいけ》瓦窯で生産されたものである。

香山堂

「東大寺山堺四至図」東南隅付近の山中には「香山堂」と注記された寺院が描写され、香山堂の正面からは「山房道」という道がのびている。『東大寺要録』本願章によると香山寺は光明皇后の創建で、金堂の東西には楼閣《ろうかく》が配置されたらしい。香山寺では仏聖僧《ぶつしょうそう》二座・衆僧《しゅうそう》四九人・沙弥《しゃみ》一人が供奉《ぐぶ》して悔過法会がおこなわれたことが天平勝宝五年（七五三）四月二十七日の造東大寺司解にみえる（『大日本古文書』三―六二六）。『続日本紀』天平勝宝五年四月十五日の記事には「詔して曰く。頃者《このごろ》、皇太后、寝膳安からずして稍く旬月に延く。医薬療治すと雖も、猶ほ平復せず」とあり、この悔過は光明皇太后の病気平癒を祈願したもので、香山寺の主催ではなく天皇家が深く関係したものらしい（栄原永遠男「正倉院文書からみた奈良時代の悔過」栄原永遠男・佐藤信・吉川真司編『東大寺の新研究三　東大寺の思想と文化』法蔵館、二〇一八年）。

現在春日大社《かすがたいしゃ》の南から能登川《のとがわ》沿いに春日山へ登る登山道「滝坂の道」がある。この道を登った北側の山中に香山堂跡がある。奈良国立文化財研究所（当時）による現地調査では、九間×四間の金堂跡とみられる礎石建物があったと推定され、廊とみられるものや、その前方左右の尾根上にある東西楼跡とみられるものもある。推定金堂跡の西側で採集された軒瓦は平城宮第Ⅱ期（神亀《じんき》～天平年間）・第Ⅲ期（天平宝字年間）のものであり、創建時期は東大寺よりも早い（『奈良国立文化財研究所年報一九六七』一九六七年）。

遷都と造東大寺司の廃止　造東大寺司は東大寺の伽藍造営はもちろんのこと、石山寺《いしやまでら》や新薬師寺などの寺院建立にも関わってきたが、延暦《えんりやく》八年（七八九）三月十六日に廃止される。長岡京《ながおかきょう》遷都などの影響によるものと考えられるが、東大寺が天武《てんむ》系皇族の建立した寺院であることから、天智《てんち》系である桓武《かんむ》天皇により見直しが計られたのも要因の一つであるかもしれない。

吉川真司氏は長岡京・平安京《へいあんきょう》への遷都に際して平城京《へいじょうきょう》の寺院を移転させなかったことについて、平城京を諸大寺が集まる「仏都」として残し、そこで学んだ僧侶集団を「王都」の法会に登用し王権護持と仏教興隆に貢献させる政策であったとする（『聖武天皇と仏都平城京』講談社、二〇一一年）。

その後の東大寺――エピローグ

長岡京遷都

宝亀《ほうき》四年（七七三）閏十一月二十四日、創建以前から東大寺を支え続けていた良弁僧正《ろうべんそうじよう》が入寂《にゆうじやく》した。『続日本紀《しよくにほんぎ》』は卒伝を載せず「僧正良弁卒す。使を遣はし弔はしむ」と書くのみであるが、東大寺にとっては大きな痛手であった。さらに天応《てんおう》元年（七八一）に光仁《こうにん》天皇から桓武《かんむ》天皇へ代替わりすると、延暦《えんりやく》三年（七八四）には山背《やましろ》国の長岡京《ながおかきよう》へ遷都してしまった。藤原京《ふじわらきよう》から平城京《へいじようきよう》へは寺院もともに移転したが、長岡京へは寺院が移転されず、そのまま平城京に留まることとなった。

造東大寺司を廃す

さらに延暦八年三月十六日、長年にわたって東大寺の造営・造仏・写経などをつかさどった造東大寺司《ぞうとうだいじし》が廃止された。『続日本紀』は

「戊午。造東大寺司を廃す」と一言ふれているだけだが、朝廷によって運営された造営機関が廃止されたことは東大寺にとっては大きな転換点となった（吉江崇「造東大寺司の停廃」栄原永遠男・佐藤信・吉川真司編『東大寺の新研究二　歴史のなかの東大寺』法蔵館、二〇一七年）。それ以降、造東大寺司にかわって東大寺の造営から維持管理まで大活躍した寺僧が、良弁の弟子実忠《じっちゅう》（七二六〜八二四？）である。

実忠の功績

実忠が晩年に自らの事績を列挙したものが『東大寺要録《とうだいじようろく》』に引用される「実忠二十九ケ条」である。宗教的な内容よりも実務に関わる事績の方が多く記され、考古や建築などの観点からも非常に面白い史料である。史料全文を本書の巻末に掲載したので参照されたい。

「実忠二十九ケ条」によると、実忠は良弁の目代《もくだい》として（1）造寺司の政に天平宝字《てんぴょうほうじ》四年（七六〇）〜神護景雲《じんごけいうん》二年（七六八）までの七年にわたり奉仕した。さらに（19）造寺司知事として奉仕すること一〇年とあり、「実忠二十九ケ条」の前半は東大寺の造営や修理に関わるものである。その要旨を紹介してみよう。

・盧舎那仏《るしゃなぶつ》の光背《こうはい》製作（2）＝天平宝字七年〜宝亀二年（七七一）に造大仏御光所に奉仕し、大仏師国中公麿《くになかのきみまろ》らが諦めて造ることができなかった光背（高さ一一丈、広さ九丈六尺）を実忠が成し遂げた。

・盧舎那仏背部破損の修理（5）＝勅使・僧綱《そうごう》・諸大寺三綱《さんごう》・大法師らが三年かけても修理計画を立てられず諦めていたものを、延暦二十年に実忠が自ら伊賀杣《いがのそま》から材木を調達して完成させた。

・大仏殿の構造に関わる工事（3・4）＝大光背を設置するにあたって天井の高さが足りず、大仏師や大工らは見た目は悪いが光背を切り縮めるしかないと弱腰であったが、実忠は朝廷に奏聞して天井を一丈切り上げて無事に光背を飾った。また、造東大寺司の佐伯今毛人《さえきのいまえみし》や大工らは大仏殿補強のための副柱を立てることが技術的に困難であると諦めていたところ、親王禅師（早良《さわら》親王）と実忠が相談して、宝亀二年四月に自ら信楽杣《しがらきのそま》に入って柱をつくって寺へ送り、八ヵ月かからずして工事を終えた。

・大仏殿廻廊・諸門に用いる懸幡の木（6）＝年月を経て破損して使用できなかった幡を懸ける木をつくり替える作業が遅かったため、実忠が一〇二本をつくらせた。

・東塔の露盤《ろばん》（相輪《そうりん》）の組み立て（7）＝塔の相輪は部品が重く、また高所での作業になるため、匠らは構え上げられなかった。そこで良弁の命を受けた実忠が自ら塔に登って工夫を凝らして指揮を執り、二、三ヵ月で組み上げた。天平宝字八年のことである。

・東西小塔殿の造営(8)＝神護景雲年中に称徳《しょうとく》天皇が百万塔を安置する堂の様《ためし》(模型あるいは設計図)を勅によって上進させたが、大工らのつくるものは醜いものであった。そこで実忠がこれを改良した。東大寺以外の諸寺(西大寺《さいだいじ》・元興寺《がんごうじ》・薬師寺《やくしじ》・興福寺《こうふくじ》・法隆寺《ほうりゅうじ》)もこの様によって造営された。

・東大寺大垣の修理(9)＝西面および南面の大垣を延暦二十三年に修造した。

・北大門の造営(10)＝寺内に散在していた材木を用いて延暦二十年に北大門を造立した(注＝この北大門は「東大寺山堺四至図《とうだいじさんかいししず》」の寺域北辺より約一〇〇㍍《メートル》北側に位置し、寺域の拡大もおこなわれたとみられる)。

・池および頭塔《ずとう》の造営(11・12)＝良弁の命令を受けて、神護景雲元年に春日谷《かすがたに》の溜池と新薬師寺西方の塔(頭塔)を造営した。

・造瓦別当《べっとう》(13)＝宝亀十一年〜延暦元年まで就任し、造寺司のつくるこの頃の瓦は粗悪品が多いので良質な粘土でつくってほしいという親王禅師の要望により、山城国相楽《さがらか》郡福宏村《ぐんふくひろむら》の土を使用して僧房《そうぼう》の瓦一九万枚を生産した。この瓦が丈夫なことは寺内でもよく知られている。

・食堂《じきどう》周辺の災害復旧(14・15)＝食堂の前庭が谷水で浸食され崩壊するので、実忠が補修して流れを変える工事をおこなった（注＝食堂院は上院《じょういん》と丸山《まるやま》の間にある谷の出口付近に位置し、大雨が降ると大量の水が一気に押し寄せた）。

これらの条文は造東大寺司側の手に負えなかった工事を実忠が代わりに指揮を執って解決したとするものが多い。実忠が僧侶としてだけではなく、造作などにも長けていたことがよく理解できる（小岩正樹「東大寺における実忠の造営事績とその活動形態」『日本建築学会計画系論文集』七九―六九六、二〇一四年）。先にも述べたように、(12)の頭塔も最初に造られたものを実忠が造り直したことが発掘調査で判明している。

寺務と教学

実務的な側面以外には、少鎮(16)・寺主(17)・上座(18)の任に就いて寺務にあたったという。これについては「正倉院文書《しょうそういんもんじょ》」双倉北雑物出用帳《ならびぐら》のなかで神護景雲四年五月九日に正倉院北倉から屏風を出した際に僧正良弁・中鎮平栄《ちゅうちんへいえい》とともに「少鎮修学進守大法師　実忠」と署名していることからも確認できる（『大日本古文書』四―一八六）。

実忠は経営面でも才覚を発揮し、寺主を務めた宝亀五〜九年の間に「田直租等の由を勘《かん》へ《が》」「内外の産業の務めを検校《けんぎょう》」することによって財務状況を改善させ、供物に不足がないように立て直したという(17)。さらに華厳供大学頭《けごんくだいがくのかみ》を延暦九〜十七年と大同元年《だいどう》

（八〇六）～弘仁《こうにん》六年（八一五）の二度にわたり勤め(21)、また十一面悔過《じゅういちめんけか》(22)・涅槃会《ねはんえ》(23)・半月読経(24)などの法会に奉仕した。このほか蒭《まぐさ》や炭、薪《まき》を献上した記事がある。

「実忠二十九ケ条」は東大寺創建後から弘仁年間に至るまでの事績がよくわかる非常に興味深い資料である。とりわけ伽藍の工作や経営に関して東大寺が造東大寺司から離れていった様子が具体的によくわかる。条文のなかには勤めあげた年数の合計が合わない部分もあるものの（例えば(22)は修二会《しゅにえ》に関する記述で、都合七〇年とあるが、実際には天平勝《てんぴょうしょう》宝《ほう》四年〈七五二〉～大同四年までの五八年間である）、計算の合わないことが記述の信憑性を損なわせるものにはならないであろう。

親王禅師

なお、(13)にみえる「親王禅師」とは早良親王（七五〇?～七八五）のことであり、早良親王は早くに出家して東大寺羂索院《けんさくいん》に寄住したが、宝亀元年の光仁《こうにん》天皇即位時に親王となった。天応元年に同母の兄である桓武天皇が即位すると早良親王は皇太子となったが、延暦四年九月に廃太子となった。これは藤原種嗣《ふじわらのたねつぐ》暗殺事件に関与したとされたために、乙訓寺《おとくにでら》に幽閉されて淡路島《あわじしま》に配流される途中、河内国高瀬《たかせ》（大阪府守口《もりぐち》市馬場《ばば》町《ちょう》付近）で死去したという。

延暦八年の造東大寺司廃止決定に親王の死去が関係しているのかどうかはわからない。

事件首謀者の一員である造東大寺司次官の林稲麿《はやしのいなまろ》が伊豆《いず》配流の処分を受けたことも関係しているかもしれない。

盧舎那仏の修理

造東大寺司の廃止以降とりわけ深刻だったのが、完成から半世紀を経ていない盧舎那仏像《るしゃなぶつぞう》の破損であった。延暦二十年には伊賀杣から伐り出した材木を用いて背中の破損と左手の脱落を実忠が修理している(5)。先に大仏建立の部分で解説したように、大仏の銅の厚さは五チセン弱と薄いため、強度に不足があり重量に負けて次第に歪んでいったのであろう。

『東大寺要録』では「実忠二十九ケ条」に続いて天長《てんちょう》四年（八二七）四月十七日付の太政官牒《だいじょうかんちょう》が掲載されている。これによると盧舎那仏の御尻が歪みによって約四〇チセンほど窪み、像高が完成当初よりも約二五チセン低くなり、この時に背面に山形を構築して傾きを抑止したという。延暦五年以降次第に亀裂が大きくなっていたというので、大仏完成から三〇年を経て盧舎那仏の損傷が始まり徐々に拡大していったことがわかる。そして斉衡《さいこう》二年（八五五）五月にはついに大仏の頭部が落下してしまった。直前の相次ぐ地震の影響が被害を早めたのであろう。修復は速やかにおこなわれ、貞観《じょうがん》三年（八六一）に修理が完了し法要が営まれた。

この頃の東大寺の造営・修理は、朝廷によって「修理東大寺大仏使」「造東大寺講堂《こうどう》使」などが編成され、俗別当《ぞくべっとう》と東大寺側とによっておこなわれたものである（吉江崇「造東大寺司の停廃」、飯塚聡「平安前期の東大寺修理造営体制と造寺使・造寺所」前掲『東大寺の新研究二　歴史のなかの東大寺』）。

子院の成立

九世紀に入ると寺内のあり方も変化していった。八世紀は東大寺で学ぶ僧侶は三面僧房に集まって生活・修行をしたが、僧房から独立した子院ができるようになる。東南院《とうなんいん》・尊勝院《そんしょういん》・真言院《しんごんいん》などがこれにあたる。弘仁十三年に東大寺真言院を建立したのは弘法大師空海《くうかい》である。

ちなみに日本の天台宗《てんだいしゅう》開祖である最澄《さいちょう》も延暦四年に東大寺戒壇院《かいだんいん》で受戒している。しかし弘仁十年、最澄は比叡山《ひえいざん》に戒壇設立を請い旧来の戒壇を否定することとなった。南都《なんと》からの批判に反論するために書かれたのが『顕戒論《けんかいろん》』である。

伽藍の修理は続く

『東大寺要録』別当章は良弁を別当の第一として代々の別当の就任年・就任期間とともに、その間の出来事を記している。第一四代別当は空海が弘仁元～四年の任期で、この頃に実忠が修理別当を務めたので二人は互いによく知る関係であったろう。一一世紀に入ると別当章のなかには修理記事が多くなってくる。

・第六六代有慶《ゆうきよう》＝天喜《てんき》元年（一〇五三）九月二十日に天地院《てんちいん》焼亡。
・第七一代慶信＝承暦《じょうりゃく》三年（一〇七九）、食堂の坤角が頽落《たいらく》し、修造を加える。
・第七三代永観《えいかん》＝康和《こうわ》二年（一一〇〇）に勅封蔵修理。三年に東塔七重を修理。四年に食堂登廊を修理。
・第七七代定海《じょうかい》＝長承《ちょうしょう》二年（一一三三）に講堂を修造。保延《ほえん》年間（一一三五〜四〇）頃、東小塔堂顚倒につき造営を停止し、東塔を修理。
・第七八代寛信《かんしん》＝仁安《にんあん》年間（一一六六〜六八）の頃、食堂を修造。

現在でもそうであるが、大伽藍の維持・復興は大変な時間と労力を要するものである。境内各所の発掘調査で創建期の東大寺式軒瓦に混ざって平安時代の巴文軒丸瓦《ともえもんのきまるがわら》が出土するのは、こうした修理事業で用いられた補修瓦である。右のように平安時代の代々別当は根気強く大仏や堂舎の修理に資財を投じたが、こうした努力を無にする事態が起きてしまう。

平重衡の南都焼き討ち

平清盛《たいらのきよもり》が大和《やまと》国を知行するようになると、南都諸寺は武装組織（僧兵）を保持してこれに反抗した。治承四年五月、以仁王《もちひとおう》挙兵に関わった園城《おんじょう》寺《じ》に興福寺が加勢すると、平氏は南都を攻撃し始める。『平家物語《へいけものがたり》』『玉《ぎょく》葉《よう》』『山槐記《さんかいき》』など史料によって記述が異なるが、治承四年十二月二十五日に平清盛は息子重衡《しげひら》を総大将、甥通盛《みちもり》を副将として兵を南都へ派遣した。二十七日には奈良坂《ならざか》・般若坂《はんにやざか》などで戦闘となり、翌二十八日に平氏の軍勢が南都へ侵入、僧兵の立て籠もる堂舎に火を放ち焼き払った。折からの強風によって予想以上に火災が広がったという。

焼失した伽藍　放たれた火は南都をことごとく焼き尽くし、興福寺は中金堂《こんどう》・東金堂・西金堂・講堂・僧房・食堂・北円堂・南円堂・五重塔・三重塔などが焼失した。

東大寺も大仏殿・廻廊・中門《ちゆうもん》・講堂・僧房・東塔・食堂・戒壇院・東南院・尊勝院など平地部分の伽藍の大半が焼失するというかつてない大被害を受けた。しかし兵火は平地部分でおさまって上院地区には及ばなかった。そのため法華堂《ほつけどう》・二月堂《にがつどう》などは奇跡的に残った。盧舎那仏が焼け落ちるという致命的な損害を受けてもなお、修二会は「不退の行法」として欠かさず続けられた。

一般的に遺跡を調査する時は堆積する土層の順序・遺構同士の切り合い関係・出土遺物などによって年代の判断をおこなう。例えば約三万年前に鹿児島湾北部の姶良《あいら》カルデラから噴出した火山灰が本州・四国・九州に堆積し地層の年代決定の鍵となるように、東大寺境内の発掘調査では鍵層となる焼土層・炭層を検出することで治承四年より古いか新しいかの判断をおこなうことがよくある（それより新しい時代の焼土層・炭層は永禄《えいろく》十年〈一五六七〉の兵火によるものである場合が多い）。

東大寺の復興

創建以来四〇〇年以上を経た東大寺の主要部分が損なわれ、本尊の盧舎那仏像も腹部より上方は焼け落ちたが、早くも寿永《じゅえい》二年（一一八三）四月十九日に大仏奉鋳が開始されている（『東大寺要録』別当章）。俊乗房重源《しゅんじょうぼうちょうげん》による勧進《かんじん》と後白河《ごしらかわ》法皇や源頼朝《みなもとのよりとも》の支援により東大寺は復興を遂げた。

重源上人や弟子による事績は数多く、本書の扱う範囲を超えるためここで終わりとしたいが、これ以後も東大寺は被災と復興を繰り返す。いずれも貴賤を問わず資財労力を提供して仏と結縁する「知識」による復興という方法がとられており、聖武《しょうむ》天皇の理想は後の世にも確実に受け継がれているのである。

あとがき

平成十二年（二〇〇〇）十月、東大寺境内の防災施設工事に伴う発掘調査が完了したことを記念して、奈良県立橿原考古学研究所附属博物館で秋季特別展「大仏開眼—東大寺の考古学—」を開催した。本書は展示図録の解説をもとに大幅に書き直したものである。

本書のタイトルは『東大寺の考古学』としたが、考古学的な要素は実際には半分程度で、古代史や文献史料に関する記述もかなり多い。境内の発掘調査成果によって驚くような事実が次から次へと判明しているが、東大寺はそれだけでは理解できないことが多い。歴史・建築・仏像・経典の内容など、ありとあらゆる情報を集めて多面的な検討をすることが不可欠であり、また東大寺にはそれを可能とするだけの貴重な「材料」が山のように残され受け継がれてきている。このことは展示の企画をした時も本書を執筆している時も強く実感させられた。

私事で恐縮だが、初めて東大寺大仏を参拝したのは小学六年生の修学旅行の時である。すでに社会科の授業で大仏について学習しており、実際に自分の目で見て大変心を動かされたことを今でも記憶している。また、大学に進学して奈良県立橿原考古学研究所に出入りするようになって初めて目にした東大寺の発掘現場が戒壇院鋳造遺構で、何も知らず偶然に訪問して巨大な土坑と底部の木組みに吃驚したことを鮮明に覚えている。天地院跡を発掘調査していたのもちょうど同じ頃である。その後、調査員として奈良県立橿原考古学研究所に就職してからは、境内のあちこちを発掘調査させていただいた。

本書の冒頭にも記したように、東大寺大仏殿へは文化財関係の公務のほか、ちょっとした祈願や行楽、子どもの学校の行事その他で現在もたびたび訪れる。大仏は、初めて参拝した頃と変わることなく、いつもどっしりとした安定感で迎えてくれて気持ちが落ち着く。自分自身も大仏のように揺らぐことなくどんな気持ちも受け止めることができたらと思うが、実際には難しい。まだまだ修行が足りないのであろう。

さて、私は東大寺総合文化財センター客員研究員として東大寺ミュージアム開館の準備段階から奉仕させていただいている。東大寺の森本公誠長老・橋村公英師・上司永照師・森本公穣師、東大寺史研究所所長の栄原永遠男氏、東大寺ミュージアム学芸員の坂東俊彦氏をはじめとする多くの方々に何かとお世話になり、本書の執筆に際しても数多くの貴重なご意見を頂戴した。また奈良県立橿原考古学研究所に就職してから今に至るまで、職場の先輩方や同僚にも東大寺について教えていただいている。本書を刊行することで、自分なりに役割を果たしてご恩に報いることができればと思う。

最後に、吉川弘文館編集部の石津輝真氏には原稿の執筆から編集まで粘り強く対応していただき、また大熊啓太氏には初校から責了までお付き合いいただいた。本書の完成に関わっていただいた皆様に深くお礼を申し上げます。

二〇二〇年十二月

鶴見泰寿

参考文献

（創建期東大寺の造営や伽藍を理解する上で有用なものに限定した。このほかに、ＧＢＳ実行委員会編『ザ・グレイトブッダ・シンポジウム』（東大寺、二〇〇三年～）の論集、国宝・重要文化財指定建造物の修理工事報告書などが参考になる。）

史料集・報告書・図録

筒井英俊校訂『東大寺要録』国書刊行会、一九七一年

『奈良六大寺大観　第九巻　東大寺一』岩波書店、一九七〇年

『奈良六大寺大観　第十巻　東大寺二』岩波書店、一九六八年

『奈良六大寺大観　第十一巻　東大寺三』岩波書店、一九七二年

『東大寺防災施設工事・発掘調査報告書』東大寺、二〇〇〇年

『東大寺境内整備事業調査報告第１冊　東大寺東塔院跡―境内史跡整備事業に係る発掘調査概報１―』東大寺、二〇一八年

『東大寺境内整備事業調査報告第２冊　東大寺東塔院跡―境内史跡整備事業に係る発掘調査概報２―』東大寺、二〇二〇年

『奈良県文化財調査報告書第一一四集　東大寺旧境内―唐禅院跡推定地の発掘調査―』奈良県立橿原考古学研究所、二〇〇六年

『奈良文化財研究所学報第六二冊　史跡頭塔発掘調査報告』奈良文化財研究所、二〇〇一年

『新薬師寺旧境内―奈良教育大学構内遺跡の埋蔵文化財調査発掘調査報告書―』奈良教育大学、二〇一二年

『東大寺ミュージアム開館記念特別展　奈良時代の東大寺』東大寺、二〇一一年
『修理完成記念特別展　国宝・東大寺金堂鎮壇具のすべて』東大寺、二〇一三年
『特別陳列　お水取り』奈良国立博物館、二〇二〇年

書籍・論文

石田茂作『東大寺と国分寺』至文堂、一九五九年
岸　俊男「東大寺山堺四至図について」『日本古代文物の研究』塙書房、一九八八年
栄原永遠男・佐藤信・吉川真司編『東大寺の新研究１　東大寺の美術と考古』法蔵館、二〇一六年
栄原永遠男・佐藤信・吉川真司編『東大寺の新研究２　歴史の中の東大寺』法蔵館、二〇一七年
栄原永遠男・佐藤信・吉川真司編『東大寺の新研究３　東大寺の思想と文化』法蔵館、二〇一八年
杉本一樹『日本古代文書の研究』吉川弘文館、二〇〇一年
橋本義則「銅の生産・消費の現場と木簡」平川南ほか編『文字と古代日本３　流通と文字』吉川弘文館、二〇〇五年
福山敏男『福山敏男著作集二　寺院建築の研究　中』中央公論美術出版、一九八二年
堀池春峰『南都仏教史の研究　上〈東大寺篇〉』法蔵館、一九八一年
森　郁夫『東大寺の瓦工』臨川書店、一九九四年
森本公誠『東大寺のなりたち』岩波書店、二〇一八年
吉川真司『聖武天皇と仏都平城京』講談社、二〇一一年
吉川真司「東大寺山堺四至図」金田章裕ほか編『日本古代荘園図』東京大学出版会、一九九六年

吉川真司編『東大寺成立過程の研究』科学研究費補助金研究成果報告書（京都大学）、二〇〇一年
渡辺晃宏『平城京一三〇〇年「全検証」』柏書房、二〇一〇年

主要参考史料

○大仏殿碑文

勅。朕薄徳を以て恭《うやうや》しく大位を承け、志兼済《けんさい》に存して勤めて人物を撫《な》づ。率土《そつと》の浜已《すで》に仁恕《じんしょ》に霑《うるお》ふと雖《いえど》も、普天の下法恩洽《あまね》くあらず。誠に三宝《さんぼう》の威霊《いりょう》に頼りて、乾坤《けんこん》相ひ泰《ゆた》かにし、万代《ばんだい》の福業を修めて、動植咸《ことごと》く栄へむと欲す。粤《ここ》に天平十五年歳次癸未十月十五を以て、菩薩《ぼさつ》の大願を発して、盧《る》舎那仏《しゃなぶつ》金銅像一軀を造り奉る。国銅を尽して像を鋳て、大山を削り以て堂を構へ、広く法界に及して朕が知識と為す。遂に同じく利益を蒙り共に菩提《ぼだい》を致さしむ。夫れ天下の富を有つは朕なり。天下の勢を有つは朕なり。此の富勢を以て彼の尊像を造らむ。事は成し易く心は至り難し。但《ただ》し徒に人を労すること有りて預め能く感ずること無きを恐る。諸の知識は、誠の心に至れるを発し、人をして福を招かしむ。宜しく毎日三たび盧舎那仏を拝するべし。自ら念を存して各盧舎那仏像を造るべし。如《も》し更に人有りて一枝の草一合の土を持ちて像を造らむと願はば、禁ずることなかれ。障ることなかれ。同じく百姓を進め、携へて加へ造らしめよ。

太政官《だいじょうかん》勅を奉り普く天下に告げ、知識を牽率《けんそつ》し天平十五年歳次癸未十月十五日を以て、近江《おうみ》国信楽《しがらきの》京《きょう》に仏像を創り奉る。其の処已に止む。更に天平十七年歳次乙酉八月廿三日を以て、大和国添上郡に於て同像を創り奉る。天皇専ら御袖を以て土を入れ、持ち運び御座に加ふ。然る後氏々の人等を召集し、土を運び以て堅く御座を築く。天平十九年歳次丁亥九月廿九日を以て、始めて鎔鋳《ちゅうよう》し奉る。勝宝元年歳次己丑十月廿四日を以て、鋳奉ること已に了んぬ。三箇年に八ヶ度御体を鋳す。天平勝宝四年歳次壬辰三月十四日を以て、始めて塗金し奉る。未だ畢《おわ》らざるの間、同年四月九日を以て、大会を儲け開眼し奉るなり。同日、大小の灌頂廿六流・呉《くれ》楽・胡《こ》楽・中楽・散楽・高麗楽《こまがく》・珍宝《ちんぽう》等を施入し奉る。

金銅盧舎那仏像一体。結跏趺坐《けっかふざ》の高さ五丈三尺五寸、面の長さ一丈六尺、広さ九尺五寸、宍髻《にくけい》の高さ三尺、眉の長さ五尺四寸五分、目の長さ三尺九寸、御鼻より前の径《さしわたし》二尺九寸四分、高さ一尺六寸、人中の長さ八寸五分、口の長さ三尺七寸、頤《あご》の長さ一尺六寸、耳の長さ八尺五寸、頸《くび》の長さ二尺六寸五分、肩の長さ一丈八尺七寸、胸の長さ一丈八尺、腹の長さ一丈三尺、臂《ひじ》の長さ一丈九尺、肘より腕に至る長さ一丈五尺、掌の長さ五尺六寸、中指の長さ五尺、脛《すね》の長さ二丈三尺八寸五分、膝《ひざ》の前の径三丈九尺、膝の厚さ七尺、足の下一丈二尺。螺形九百六十六箇。高さ各一尺、径各六寸。銅座。高さ一丈、径六丈八尺、上周廿一丈四尺、基周廿三丈九尺。石座。高さ八尺、上周卅四丈七尺、基周卅九丈五尺。用ゐる熟銅七十三万九千五百六十斤。白鑞一万二千六百十八斤。錬金一万四百卌六両。水銀五万八千六百廿両。炭一万六千六百五十六斛。円光《えんこう》一基。高さ十一丈四尺、広さ九丈六尺。

挟侍菩薩像《きょうじぼさつぞう》二体並びに塞《そく》。高さ各三丈、面の長さ六尺、広さ五尺、口の長さ一尺一寸、耳の長さ五尺九寸、眉の長さ五尺九寸、目の長さ二尺二寸、鼻の下の径一尺八寸。繍観自在菩薩像《かんじざいぼさつぞう》三鋪。高さ各五丈四尺、広さ各三丈八尺四寸、四天王像四柱。高さ各四丈、各下に鬼形一体在り（各臥《が》長《ちょう》二丈八尺高三尺検）。

大仏殿一宇。二重十一間、高さ十二丈六尺、東西長さ廿九丈、広さ十七丈、基砌《みぎり》高さ七尺、東西砌長さ卅二丈七尺、南北砌長さ廿丈六尺、柱八十四枝、殿戸十六間、天台三千百廿二蓋。歩廊一廻。戸廿間、東西径五十四丈六尺、南北径六十五丈。

塔二基。並びに七重。東塔の高さ廿三丈八寸。西塔の高さ廿三丈六尺七寸。露盤《ろばん》の高さ各八丈八尺二寸。用ゐる熟銅七万五千五百二斤五両。白鑞四百九斤十両。錬金一千五百十両二分。

鍾一口。高さ一丈三尺六寸。口径九尺一寸三分。口厚八寸。用ゐる熟銅五万二千六百八十斤。白鑞二千三百斤。

大仏師従四位下国公麿《くにのきみまろ》　大鋳師従五位下高市真国《たけちのまくに》
従五位下高市真麿《ままろ》　従五位下柿本男玉《かきもとのおたま》
大工従五位下猪名部百世《いなべのももよ》　従五位下益田縄手《ますだのなわて》

ある日記に云はく、大仏師従四位下国中公麿は元百済《くだら》国の人なり。任東大寺次官兼但馬守《たじまのかみ》。大鋳師従四位下高市真国は元大和国の人なり。任東大寺領掌《りょうしょう》兼河内守。大工従四位下猪名部百世は元伊賀国の人なり。任伊勢守兼東大寺領掌使。小工従四位下益田縄手は元和泉国の人なり。紀伊権守に任すと云々。

○実忠二十九ケ条（数字は著者が付した条文番号）

一、東大寺権別当実忠《べつとうじっちゅう》二十九ケ条の事。

東大寺伝灯大法師実忠　年八十五。

行事に奉仕し、寺家内外の雑事を注顕す。

合せて廿九条。

（1）一、故僧正良弁《そうじょうろうべん》大法師の目代《もくだい》として、造寺司《ぞうじし》の政に奉仕する事。

合七箇年（天平宝字四年より神護二年に至る）。

右、去ぬる天平宝字四年正月の勅を以て、僧正賢法師寺内一事已上の政を知る。即ち僧正内裏《だいり》に奏し、以て実忠を目代とし、造寺の政を検校《けんぎょう》せしむ。而るを用物少なく用度に堪へず。是の時実忠固く調用（庸）租米を検収し、以て子細の用度を出入す。斯に由り毎年の残物巨多にして倉に盈《えい》満《まん》す。此れ造寺の官人悉《ことごと》く共に知るなり。

（2）一、造大仏御光所に奉仕する事。

合せて九箇年（宝字七年より宝亀二年に至る）。

御光一基を造り奉る　高さ十一丈、広さ九丈六尺。

右、大仏師従四位下国中《くになかの》連《むらじ》公麿《きみまろ》等申して云く、此の大仏御光造り奉る方を知らず。遂に辞めて造らざるなり。時に僧正賢大法師告げて云く、汝実忠師造り奉るべきなり。此に実忠命を拒むこと得ず。至心を誠に投じ、諸大工を率ゐて件の大光を上ぐ。錺《かざり》を造ること已《すで》に畢《おわ》んぬ。

（3）一、大仏殿の天井を切り上げ大光構へ立つ事。

右、仏の御軀の随に、其の光構へ造ること已に畢んぬ。将《まさ》に構へ建つに当る。而《しか》るを殿の天井と大仏御頂と相ひ去ること甚だ近し。錺光好からず。因《よ》りて茲《ここ》に大仏師大工等を召集し、共に商量《しょうりょう》せしむ。時に大仏師大工等申して云く、自ら大光を切り縮むには非ず。謀るに更に余は都《すべ》て无《な》し。但《ただ》し御体に似ず甚だ醜きのみと云々。爰《ここ》に実忠唱へて云く、好悪二中。息除悪醜。好きに依るべし。殿の天井を切り上げて構へ起こすべし。光を切り縮むと云ふこと勿《なか》れ。此の時大工等申して云く、此の事甚だ難し。拒捍《きょかん》し切り上げるを肯《がえ》んぜず。爰に実忠果《はた》して国家の欠は此を除き二つ无しと嗟《なげ》く。即ち朝廷に奏聞して更に天井を一丈切り上げ給ふ。御光を厳に鎊り奉ること了んぬ。今まで卅八歳都て動揺することなし。

(4)一、大仏殿副柱を造建し奉る事。

合せて副卌枝（各長さ七丈四尺、広さ二尺二寸、厚さ一尺三寸）。

右、造寺司左大弁《さだいべん》佐伯宿禰《さえきのすくね》并せて長上大工等申して云く、件の副柱を構へ立つは尤《もっと》も難し。皆辞むこと已に畢ぬ。時に親王禅師（注＝早良《さわら》親王）并せて僧正和尚《かしょう》、相語り計りて宜《よろし》く、斯の事は実忠師の謀りごとに非ず。余人都て成すこと得ず。猶《なお》汝造るべし。即ち命の旨を奉り、去ぬる宝亀二年歳次辛亥四月を以て、諸匠夫等を率ゐ、自ら親しく近江国信楽杣《しがらきのそま》に往詣す。御柱を作り備へ寺家に運送し、削り構へ造立す。八箇月の内に其の事已に畢んぬ。今迄卅年動き損なふこと無し。

(5)一、大仏御背所々の破損并せて左方御手絶去を固め奉る事。

右、勅使・僧綱《そうごう》・諸大寺三綱《さんごう》・老宿大法師等、倶《とも》に集会し、固め奉る所の由商量の間、三ヶ年を経る。皆固むるべきを難しと云々。遂に固むること得ず。爰に僧実忠、独り愚誠を策し、工匠等を率ゐて自身往きて伊賀杣《いがのそま》に至る。固く奉るべき様を造り出し、并せて雑材木を造らしむ。この時去ぬる延暦廿年中なり。以後廿二年の中、上件の調度材木を運上し、様に随ひて固く奉り巌鎊すること前の如し。

(6)一、大仏殿歩廊、并せて前後中門、左右挟門等の、懸幡の木を造度する事。

合せて材木百二枝を削り造る（着け度す柱間百卌間）。

右、常例に備ふ懸幡の綱は、久しく年序を経て、朽脱絶損し用ゐず。茲に由り懸幡の時に当り、夫等暇に入り、成す事尤も遅し。此に依り法師実忠去ぬる延暦年中を以て、造らしむこと件の如し。

(7)一、東塔露盤《ろばん》を構へ上ぐ事。

露盤一具（高さ八丈三尺　第一盤の径一丈二尺）。

右、諸調度物甚だ重し。構へ上ぐるに甚だ高し。諸工匠等申して云く、構へ上げること得ず。皆悉く辞退す。時に実忠僧正の命を承け、親ら御塔に登る。其の便宜を量り、工夫等を催し、二三月の内に構へ上げること已に畢んぬ。また刳形《くりかた》の中に、金字最勝王経《さいしょうおうきょう》一部、仏舎利《ぶつしゃり》十粒を安置す。この時宝字八年歳次甲辰。

(8)一、東西の少塔殿を造り奉る事。

右、去ぬる神護景雲年中を以て、御願の少塔を安置せんがため、勅して殿の様《ためし》を進らしむ。而るを大工等が造る様甚だ醜し。此に依り法師実忠、大工等の作れる様を改め、更に様を造り出すこと五尺余上。造り奉ること前の如し。（此の様に依り諸寺皆営造するなり）。

(9)一、寺西大垣、幷せて中大門南大垣を固め造る事。

右、去ぬる延暦廿三年を以て、専寺法師実忠検校を加へ造り固むること件の如し。

(10)一、寺北大門を造立する事。

右の大門更に山作せず。寺内散在の材木を取り集め、去ぬる延暦廿年の中を以て、造立すること件の如し。

(11)一、堤池を作る一処（東大寺の南の春日谷《かすがたに》に在り。去ぬる神護元年を以て造る所なり）。

(12)一、塔一基を造立し奉る（新薬師寺西の野に在り。去ぬる景雲元年を以て造る所なり）。

右二種事。僧正の命を承け、国家の奉為に造り奉ること前の如し。

(13)一、寺家造瓦別当に奉仕する事。

合せて三箇年。（宝亀十一年より延暦元年迄）。

右、親王禅師の教を被るにいはく、頃年造寺の固め作る瓦甚だ悪し。用ゐるべきの破損巨多し。吉き土を覓《もと》め能く固め造るべし、といへり。山城国相楽郡福宏村《さがらかぐんふくひろむら》の土は巌上なり。瓦十九万枚。寺家に運上し、僧房《そうぼう》に宛て用ゐる。此の瓦は甚だ固く、今時に至り允に破損无し。寺内の大衆共に知る所なり。

(14)一、寺食堂の前庭崩損せらるを塡固する事（長さ五尺　広さ二丈　深さ二尺）。

(15)一、同食堂前の谷水を防ぎ、其の川所を便宜し、塡埋し平らげ固むる事。

右の谷川の水、天雨の毎に盈《あふ》れ、所々崩壊すること、一二度に非ず。茲に因り法師実忠、彼便を視量り掘りて南谷に向く。其の先の渠を平らげ固むること件の如し。

已上の二事。大同二年造る所なり。

(16)一、少鎮の政并せて検校造寺に奉仕する事。

合せて七箇年（景雲元年より宝亀四年に至るなり）。

右、任中に内裏に奏聞し、一切経《いっさいきょう》一部を奉請し、如法堂《にょほうどう》に安置す。春秋二節を以て、僧次六十人を請し、二七箇日間、件の一切経を読み上げ奉る。并せて六時行道し、国家を守助す。然して其の布施は、官家功徳料《くどくりょう》物を以て施行す。是の法事十余年に迄《いた》り奉行するなり。

(17)一、寺主の政に奉仕する事。

合せて五箇年（去ぬる宝亀五年歳次甲寅より同九年戊午に至るなり）。

右、先々三綱他物を備用す。供へ奉ると雖《いえど》も猶不足し、憂悩《うのう》やや繁《しげ》し。遂に将に料食なり。是れ以て親王禅師の教垂なり。法師実忠寺主の政を委ね、是時受物を見るに乏し。僅《わずか》に半月の供料有り。将来構へ難し。備外の国塔の分銅一千斤幷せて私功徳料物等を譲り受け、暫《しばし》の間進め寄る。纔《わずか》に僧供を継ぎ、また猶ほ思量し供を続くべきこと甚だ難し。茲に因り田直租等の由を勘《かんが》へ、斗《と》升《ます》を取り集め垂れて以て正用に宛つ。しかのみならず内外の産業の務めに検校を加へ、其の間の供物漸《ようや》く豊かなり。先々の借物之に報ゆ。実忠の倉庫以後、三綱都て小も患ふこと无し。
(18)一、上座の任に奉仕する事。
合せて三度（寺主法師修哲《しゆてつ》の時、寺主法師円徳《えんとく》の時、寺主法師伍隆《ごりゆう》の時）。
(19)一、造寺司知事の政に奉仕する事。
合せて十箇年。
(20)一、朝廷に奉仕する事。
合せて十九年（天平勝宝五年より神護景雲四年に至る）。
右、平城宮御宇天皇。朝廷宮禅師の例に奉仕すること件の如し。
(21)一、華厳供大学頭《けごんくだいがくのかみ》の政に奉仕する事。
合せて二度廿一年（去ぬる延暦九年より十七年に至る一度、大同元年より当年に至る一度）
(22)一、十一面悔過《じゆういちめんけか》に奉仕する事。
合せて七十年（去ぬる天平勝宝四年より大同四年に至る毎年二月一日二七ヶ日間奉仕すること件の如

し)。

(23)一、涅槃会《ねはんえ》に奉仕する事。

合せて六十二年(去ぬる宝字五年より始め当年に至る毎年二月十五日奉仕すること件の如し)。

(24)一、半月読経に奉仕する事。

合せて五十三年(去ぬる宝字五年閏四月十五日より当年に至り法華《ほつけ》、華厳《けごん》、勝鬘経《しょうまんきょう》を請く。僧次両座并せて同侶僧等。毎半月二部大乗《だいじょう》を奉読すること前の如し)。

右三条の事。先々の尊霊、後々の国家の奉為に、兼ねて梵尺《ぼんしゃく》四王・龍神《りゅうじん》八部・伽藍護法《がらんごほう》・奉国《ほうこく》天神地祇《てんじんちぎ》・有名无名大少神等の為、広く生々四恩《しおん》・世々四生《ししょう》・同出苦源・斎成楽果の為、法師実忠、弘く誓願《せいがん》を発し、身具を資し、永く三際に期し奉行する所なり。

(25)一、西大寺御斎会《さいだいじごさいえ》の廻幢を立て奉る事。

合せて廿基(二つは各長さ八丈、六つは各長さ七丈、十二は各長さ五丈)

右、件の幡は、勅旨を奉り、東大寺の工等を率ゐて、七箇日間削り造る。即ち一日にして起し立つこと已に畢んぬ。この時、神護景雲三年歳次己酉なり。

(26)一、近江国志賀山寺《しがのやまでら》にて奉行する功徳《くどく》の事。

右、近江国大津宮御宇《おおつのみやぎょう》天皇の奉為に、宝亀五年歳次甲寅十二月より始め、彼寺の衆僧《しゅうそう》を請《う》く。三日三夜読経悔過に奉仕す。また十二月朝廷御悔過の間、仏聖《ぶつしょう》両座の油、并せて悔過衆僧の手火、仏料薫炭等に奉供す。今に至るまで卅五年、猶不断止なり。此の功徳の事、永く法師実忠が私物を奉納し、未来際を期し奉行する所なり。

(27)一、献上平城朝廷御馬の蒭《まぐさ》二千圍の事。
右、天平宝字八年乱の時、御軍馬の蒭を私《ひそか》に献《たてまつ》ること件の如し。
(28)一、献上煎炭二百斛の事。
右、去ぬる景雲三年を以て、西大寺御斎会の時、金堂営所に私に献ること件の如し。
(29)一、献上薪《まき》三百荷の事。
右、景雲四年を以て、弓削宮《ゆげのみや》へ幸行したまふ時、私に献ること件の如し。
夫れ惟《おも》ふに嘉運再逢すべきこと難し。既に逢ひて必ず其の業を立つ。身居再生すべからず。既に生は必ず其の所以《ゆえん》を修む。時に遭ひ功无し。先聖之が為に憚《はばか》り歎くは身有りて行无く、後賢は之を以て恥と為す。爰に実忠、幸ひ聖朝の世に生まれ、有道の邦を託すること有り。名は緇倫を貫き称して釈子《しゃくし》となる。身は閑居を得て号して法衆となる。空しく信施の恩を蒙り、徒らに国家の食を受く。緬《はるか》に此の重嘖を惟ひ、あに寧処《ねいしょ》に遑《いとま》すべきか。然れば則ち須臾《しゅゆ》の頃、若し徒然《つれづれ》となさば、是故に一生の際なり。奉仕する所の行事略《ほ》ぼ注顕すること件の如し。庶幾《こいねが》はくは上件の事を具《つぶ》さにし、後代に流示せむことを。古人云く、歩嚢の訕は在事心を見て、薄棄の言は陽化に着す。誠に以て虚しく死して功を顕はすに如かず、身は徳に報ひるに如かず。然れば則ち法師実忠、生年は既に九十員に入るなり。死を待つはなほ秋葉の風を待つが如し。斯に慨然《がいぜん》として功を立てず、以て徒《いたず》らに死すなり。此を除きまた何の望む所有らむや。仍りて上件の事を忠顕す。牒すること右の如し。

弘仁六年四月廿五日　　修理別当伝灯大法師実忠

著者紹介

一九六九年　名古屋市に生まれる

一九九四年　名古屋大学大学院文学研究科博士課程前期課程修了

現在　奈良県立橿原考古学研究所企画学芸部資料課資料係長

〔主要著書・論文〕

『古代国家形成の舞台　飛鳥宮』（新泉社、二〇一五年）

「東大寺境内の発掘調査」（栄原永遠男・佐藤信・吉川真司編『東大寺の新研究1　東大寺の美術と考古』法藏館、二〇一六年）

「飛鳥の宮々」（佐藤信編『古代史講義　宮都篇』筑摩書房、二〇二〇年）

歴史文化ライブラリー
518

東大寺の考古学
よみがえる天平の大伽藍

二〇二一年（令和三）三月一日　第一刷発行

著者　鶴《つる》見《み》泰《やす》寿《とし》

発行者　吉川道郎

発行所　株式会社 吉川弘文館

東京都文京区本郷七丁目二番八号

郵便番号一一三―〇〇三三

電話〇三―三八一三―九一五一〈代表〉

振替口座〇〇一〇〇―五―二四四

http://www.yoshikawa-k.co.jp/

印刷＝株式会社 平文社

製本＝ナショナル製本協同組合

装幀＝清水良洋・宮崎萌美

ISBN978-4-642-05918-3

歴史文化ライブラリー

1996. 10

刊行のことば

現今の日本および国際社会は、さまざまな面で大変動の時代を迎えておりますが、近づきつつある二十一世紀は人類史の到達点として、物質的な繁栄のみならず文化や自然・社会環境を謳歌できる平和な社会でなければなりません。しかしながら高度成長・技術革新にともなう急激な変貌は「自己本位な刹那主義」の風潮を生みだし、先人が築いてきた歴史や文化に学ぶ余裕もなく、いまだ明るい人類の将来が展望できていないようにも見えます。このような状況を踏まえ、よりよい二十一世紀社会を築くために、人類誕生から現在に至る「人類の遺産・教訓」としてのあらゆる分野の歴史と文化を「歴史文化ライブラリー」として刊行することといたしました。

小社は、安政四年（一八五七）の創業以来、一貫して歴史学を中心とした専門出版社として書籍を刊行しつづけてまいりました。その経験を生かし、学問成果にもとづいた本叢書を刊行し社会的要請に応えて行きたいと考えております。

現代は、マスメディアが発達した高度情報化社会といわれますが、私どもはあくまでも活字を主体とした出版こそ、ものの本質を考える基礎と信じ、本叢書をとおして社会に訴えてまいりたいと思います。これから生まれでる一冊一冊が、それぞれの読者を知的冒険の旅へと誘い、希望に満ちた人類の未来を構築する糧となれば幸いです。

吉川弘文館

歴史文化ライブラリー

鎌倉北条氏の興亡―奥富敬之
三浦一族の中世―高橋秀樹
伊達一族の中世「独眼龍」以前―伊藤喜良
弓矢と刀剣 中世合戦の実像―近藤好和
その後の東国武士団 源平合戦以後―関 幸彦
荒ぶるスサノヲ、七変化〈中世神話〉の世界―斎藤英喜
曽我物語の史実と虚構―坂井孝一
鎌倉浄土教の先駆者 法然―中井真孝
親 鸞―平松令三
親鸞と歎異抄―今井雅晴
畜生・餓鬼・地獄の中世仏教史 因果応報と悪道―生駒哲郎
神や仏に出会う時 中世びとの信仰と絆―大喜直彦
神仏と中世人 宗教をめぐるホンネとタテマエ―衣川 仁
神風の武士像 蒙古合戦の真実―関 幸彦
鎌倉幕府の滅亡―細川重男
足利尊氏と直義 京の夢、鎌倉の夢―峰岸純夫
高 師直 室町新秩序の創造者―亀田俊和
新田一族の中世「武家の棟梁」への道―田中大喜
皇位継承の中世史 血統をめぐる政治と内乱―佐伯智広
地獄を二度も見た天皇 光厳院―飯倉晴武
東国の南北朝動乱 北畠親房と国人―伊藤喜良
南朝の真実 忠臣という幻想―亀田俊和
中世の巨大地震―矢田俊文
中世の富と権力 寄進する人びと―湯浅治久
出雲の中世 地域と国家のはざま―佐伯徳哉
中世武士の城―齋藤慎一
戦国の城の一生 つくる・壊す・蘇る―竹井英文
武田信玄―平山 優
徳川家康と武田氏 信玄・勝頼との十四年戦争―本多隆成
戦国大名毛利家の英才教育 元就・隆元・輝元と妻たち―五條小枝子
戦国大名の兵粮事情―久保健一郎
戦乱の中の情報伝達 使者がつなぐ中世京都と在地―酒井紀美
戦国時代の足利将軍―山田康弘
室町将軍の御台所 日野康子・重子・富子―田端泰子
名前と権力の中世史 室町将軍の朝廷戦略―水野智之
戦国貴族の生き残り戦略―岡野友彦
鉄砲と戦国合戦―宇田川武久
検証 長篠合戦―平山 優

歴史文化ライブラリー

- エトロフ島 つくられた国境 ―― 菊池勇夫
- 江戸時代の医師修業 学問・学統・遊学 ―― 海原 亮
- 江戸幕府の日本地図 国絵図・城絵図・日本図 ―― 川村博忠
- 江戸の地図屋さん 販売競争の舞台裏 ―― 俵 元昭
- 踏絵を踏んだキリシタン ―― 安高啓明
- 墓石が語る江戸時代 大名・庶民の墓事情 ―― 関根達人
- 石に刻まれた江戸時代 無縁・遊女・北前船 ―― 関根達人
- 近世の仏教 華ひらく思想と文化 ―― 末木文美士
- 松陰の本棚 幕末志士たちの読書ネットワーク ―― 桐原健真
- 龍馬暗殺 ―― 桐野作人
- 日本の開国と多摩 生糸・農兵・武州一揆 ―― 藤田 覚
- 幕末の世直し 万人の戦争状態 ―― 須田 努
- 幕末の海軍 明治維新への航跡 ―― 神谷大介
- 海辺を行き交うお触れ書き 浦触の語る徳川情報網 ―― 水本邦彦
- 江戸の海外情報ネットワーク ―― 岩下哲典

近・現代史

- 江戸無血開城 本当の功労者は誰か？ ―― 岩下哲典
- 五稜郭の戦い 蝦夷地の終焉 ―― 菊池勇夫
- 水戸学と明治維新 ―― 吉田俊純
- 大久保利通と明治維新 ―― 佐々木 克
- 刀の明治維新 「帯刀」は武士の特権か？ ―― 尾脇秀和
- 維新政府の密偵たち 御庭番と警察のあいだ ―― 大日方純夫
- 京都に残った公家たち 華族の近代 ―― 刑部芳則
- 文明開化 失われた風俗 ―― 百瀬 響
- 西南戦争 戦争の大義と動員される民衆 ―― 猪飼隆明
- 大久保利通と東アジア 国家構想と外交戦略 ―― 勝田政治
- 明治の政治家と信仰 クリスチャン民権家の肖像 ―― 小川原正道
- 文明開化と差別 ―― 今西 一
- 大元帥と皇族軍人 明治編 ―― 小田部雄次
- 皇居の近現代史 開かれた皇室像の誕生 ―― 河西秀哉
- 日本赤十字社と皇室 博愛か報国か ―― 小菅信子
- 神都物語 伊勢神宮の近現代史 ―― ジョン・ブリーン
- 陸軍参謀 川上操六 日清戦争の作戦指導者 ―― 大澤博明
- 日清・日露戦争と写真報道 戦場を駆ける写真師たち ―― 井上祐子
- 公園の誕生 ―― 小野良平
- 啄木短歌に時代を読む ―― 近藤典彦
- 鉄道忌避伝説の謎 汽車が来た町、来なかった町 ―― 青木栄一
- 軍隊を誘致せよ 陸海軍と都市形成 ―― 松下孝昭

歴史文化ライブラリー

お米と食の近代史——大豆生田 稔
日本酒の近現代史 酒造地の誕生——鈴木芳行
失業と救済の近代史——加瀬和俊
近代日本の就職難物語「高等遊民」になるけれど——町田祐一
選挙違反の歴史 ウラからみた日本の一〇〇年——季武嘉也
海外観光旅行の誕生——有山輝雄
関東大震災と戒厳令——松尾章一
難民たちの日中戦争 戦火に奪われた日常——芳井研一
昭和天皇とスポーツ 〈玉体〉の近代史——坂上康博
大元帥と皇族軍人 大正・昭和編——小田部雄次
昭和陸軍と政治 「統帥権」というジレンマ——高杉洋平
海軍将校たちの太平洋戦争——手嶋泰伸
松岡洋右と日米開戦 大衆政治家の功と罪——服部 聡
地図から消えた島々 幻の日本領と南洋探検家たち——長谷川亮一
自由主義は戦争を止められるのか 芦田均・清沢洌・石橋湛山——上田美和
モダン・ライフと戦争 スクリーンのなかの女性たち——宜野座菜央見
彫刻と戦争の近代——平瀬礼太
軍用機の誕生 日本軍の航空戦略と技術開発——水沢 光
首都防空網と〈空都〉多摩——鈴木芳行
帝都防衛 戦争・災害・テロ——土田宏成
陸軍登戸研究所と謀略戦 科学者たちの戦争——渡辺賢二
帝国日本の技術者たち——沢井 実
〈いのち〉をめぐる近代史 堕胎から人工妊娠中絶へ——岩田重則
強制された健康 日本ファシズム下の生命と身体——藤野 豊
戦争とハンセン病——藤野 豊
「自由の国」の報道統制 大戦下の日系ジャーナリズム——水野剛也
海外戦没者の戦後史 遺骨帰還と慰霊——浜井和史
学徒出陣 戦争と青春——蜷川壽惠
特攻隊の〈故郷〉 霞ヶ浦・筑波山・北浦・鹿島灘——伊藤純郎
沖縄戦 強制された「集団自決」——林 博史
陸軍中野学校と沖縄戦 知られざる少年兵「護郷隊」——川満 彰
沖縄からの本土爆撃 米軍出撃基地の誕生——林 博史
原爆ドーム 物産陳列館から広島平和記念碑へ——潁原澄子
米軍基地の歴史 世界ネットワークの形成と展開——林 博史
沖縄米軍基地全史——野添文彬
沖縄 占領下を生き抜く 軍用地・通貨・毒ガス——川平成雄
考証 東京裁判 戦争と戦後を読み解く——宇田川幸大
昭和天皇退位論のゆくえ——冨永 望

歴史文化ライブラリー

文化史・誌